中外巨人传

唐　太　宗

张小乐　著

辽海出版社

图书在版编目（CIP）数据

唐太宗 / 张小乐著 . — 沈阳 : 辽海出版社，
2012.5（2019.1 重印）
ISBN 978-7-5451-1203-0

Ⅰ.①唐…　Ⅱ.①张…　Ⅲ.①李世民（599-649）—
生平事迹　Ⅳ.①K827=421

中国版本图书馆 CIP 数据核字（2019）第 027167 号

责任编辑：柳海松
责任校对：顾　季
装帧设计：马寄萍

出 版 者：辽海出版社
　　地　　址：沈阳市和平区十一纬路 25 号
　　邮　　编：110003
　　电　　话：024-23284473
　　E-mail:dyh550912@163.com
印 刷 者：天津海德伟业印务有限公司
发 行 者：辽海出版社

幅面尺寸：165mm × 230mm
印　　张：13
字　　数：147 千字

出版时间：2012 年 5 月第 1 版
印刷时间：2019 年 1 月第 4 次印刷
定　　价：29.80 元

● 目 录 ●

前 言

一提起唐朝，人们就会情不自禁地产生美妙的联想：激情浪漫的唐诗，空前绝后的贞观之治，文明富庶的开元盛世，等等。这些令炎黄子孙引以为豪的成就，都与一个伟大的人物密切相关，这个人就是奠定大唐盛世伟业的千古明君——唐太宗李世民。

作为卓越的军事家，李世民漂漂亮亮地打下了天下。他是唐高祖李渊的次子，18岁时，隋炀帝被困雁门，他应征勤王，表现非凡，崭露头角。20岁时，他策动李渊起兵反隋，在晋阳兵变中起了重要的作用。他审时度势，制定了正确的作战策略，在霍邑之战和渡河入关的过程中，他挥刀立马，身先士卒，步步为营，直捣长安，为大唐的建立立下了汗马功劳。建国后，他又以秦王的身份，担当了指挥统一战争的重任。几年间，西灭薛举父子，击破刘武周，擒拿王世充，智斗窦建德，讨伐刘黑闼，横扫强敌，声威显赫。围城的艰难，作战的辛劳，夹击的险境，一次次严峻的考验，他经受住了，他胜利了！就军事能力来说，没有人是他的对手。

作为杰出的政治家，唐太宗开创了万世敬仰的贞观之治。即位以后，唐太宗以隋亡为戒，偃武修文，励精图治。他改革政治制度，注重法制建设，唯才是举，知人善任，建立了科学高效的行政机构，组建了清正廉洁的官吏队伍，创造了君主时代最文明的政治环境和最和谐的君臣关系。他虚怀若谷，善于纳谏，与魏征成就了明君贤臣的千古佳话。他实施了轻徭薄赋，与民休息的惠民政策，使社会出现了经济繁荣、道不拾遗、夜不闭户的太平景象。贞观四年（630年），唐太宗创造了中国封建社会的奇迹，这一年，全国被判处死刑的，只有29人，可谓"天下无贼"，几乎达到了封建社会法制的最高标准——"刑措"，即可以不用刑罚。他以博大的胸怀，实行了开明的民族政策，在疆域广阔的国土上，他是华夏各民族敬仰爱戴的共主，他是少数民族无比信任的"天可汗"。"天可汗"——多么令人肃然起敬的称号！他以非凡的自信，实行对外开放，使唐朝成为世界的中心。高丽、百济、新罗、日本等的留学生纷纷来大唐学习，中国的道教和中国化的佛教也对他们产生了重要的影响。胡汉融合，中外交流，使大唐文化更加辉煌壮丽、丰富多彩。唐文化流风所及，形成以中国为中心的中华文化圈。

在中国历史上的300多位皇帝中，唐太宗可谓圣君的典范。他上马能打天下，下马善治天下。他的贞观之治，成为后世帝王追慕的治世典范。他奏响的贞观长歌，开启了开元年间的盛世交响。每当遭受列强欺凌、被迫割地赔款的时候，人们往往梦回大唐，想到贞观，想到曾使"万国来朝"的唐太宗。

唐太宗——古代帝王的标兵，留给后人以永远的追慕与启迪！

一、家世显赫　少年有为

1. 幼龙出水

　　隋开皇十八年十二月二十二日（公元 598 年 1 月 23 日），一个新生儿的啼哭声，打破了渭水之泮武功（今陕西武功西北）别馆的寂静，中国历史上"圣君"的典范——唐太宗李世民诞生了。宋元以后，由于受渭水冲刷，河道北移，李世民的出生地被渭河吞没，故址早已不可寻觅。

　　传说李世民出生时，有两条龙来到他家的门前，游走嬉闹，连续三天才离开。这个神奇事件表明，李世民的降生感天动地，上天派了神龙前来祝贺。李世民四岁时，来了一位神秘的算命先生，他看见李渊说："你可是贵人啊！贵人必有贵子。"当他见到李世民时，立刻神情肃然，惊异地说："这个孩子不得了，他的姿态如龙凤一样，是太阳的化身，等到了二十岁，必能济世安民。"意思是说李世民有天子之命。李渊一听，喜忧交加，他怕这话传出去，招来大祸，就想杀掉算命先生。可是神奇的事情再次发生，转眼一看，算命先生忽然不见了。其实，几乎所有的帝王本纪中，都有这样神秘的故事，用以显示君权神授。这个故事是否属实，已无从考证，也许是后人根据他的名字编造的一个神奇传说。但李世民之名取"济世安民"之意，是毋庸置疑的。由于李世民的庙号为"太宗"，所以后人习惯称他为"唐太宗"。

唐朝统治者为了证明自己的高贵，喜欢夸张地追述自己的血统。他们把春秋时期的思想家李耳（老子）追溯为自己的祖先，这其实是无稽之谈。但李氏家族起于豪门显贵，却也是不争的事实。李世民出身于关陇贵族高门，先世是陇西成纪（今甘肃秦安县东）人，这个家族从十六国以后将近二百年的时间里，一直是显赫的贵族。李世民的八世祖李暠，西晋末年占据敦煌、酒泉，自立为王，建立了西凉国，自称为凉公，也就是凉武昭王。李世民的曾祖父李虎是西魏时期著名的"八柱国"之一，李世民的父亲李渊 7 岁时父亲李昞去世，袭封为唐国公。隋朝建立以后，由于李渊的姨妈是隋文帝杨坚的皇后，李渊备受宠信，先后做过谯、陇、岐三州的刺史。

李世民七岁那年（604 年），隋朝宫廷内发生了一件惊天动地的大事，隋文帝杨坚的儿子杨广杀死其父亲和兄长，篡夺了帝位。李渊和杨广是姨表兄弟，李渊比杨广年长 3 岁，他的外甥女王氏又是杨广的后妃。因此，杨广称帝之后，李渊的优越地位并没有发生改变。大业初年，李渊被任命为荥阳、楼烦太守，后来又朝转为殿内少监。殿内省属于隋中央政府核心机构的五省之一，而殿内少监为殿内省长官，专门掌管朝廷供奉等事。大业九年（613年），李渊升任卫尉少卿，掌管朝廷宫殿的禁卫。这时的李世民，已经是一个 16 岁的少年了。

可以看出，从李暠开始，李氏家族以武功起家，平步青云，扶摇直上，是根底深厚的豪门显贵。他们崇尚武功，子弟从小就要演习弓马，研读兵书，把军功看作主要的晋升途径。而他们又往往握有军权，在政治上占据举足轻重的地位。魏晋南北朝时期，是中国历史上长期分裂割据的年代，李氏家族在这段时间或者如李暠割地为王，或者如李虎参与改朝换代的政变，都在历史上扮演了举足轻重的角色。

李世民的母亲窦氏，是京兆平陵人，出身于鲜卑贵族。其父窦毅在北周时官拜上柱国，继母则是北周武帝宇文邕的姐姐襄阳公主。隋灭周自立之后，窦毅被封为定州总管、神武公。据说，窦氏出生的时候，头发下垂超过了脖子，3岁的时候，头发就长得与身体一样长了。窦氏自幼聪颖异常，习读《妇诫》《列女传》等书，能够过目不忘。她小时候生活在皇宫中，深受北周武帝的喜爱。周武帝时的北周，虽然已有统一北齐的实力，但是突厥实力仍然强大，周武帝就迎娶了突厥公主为皇后，进行政治联姻。由于没有感情基础，周武帝不喜欢这个突厥皇后。窦氏就对舅舅周武帝说："现在国家没有统一，突厥还很强大，您应该抑制自己的情感，善待突厥皇后。因为只要突厥配合，江南和北齐就容易对付，统一大业也就可以实现。"可见，她小小年纪，却具有超常的政治智慧。

北周的臣子杨坚自立为皇帝时，窦氏一头撞向桌子，说："我真恨自己不是个男人，不能挽救舅舅家的祸难。"窦毅大惊，马上捂住女儿的嘴说："不要乱讲，说出这话会灭掉我们全家人的性命！"窦毅经常对襄阳公主说："这个女孩子相貌奇特，而且见识不凡，将来不能随便许配人家啊！"为了给女儿择婿，窦毅就在门屏上画了两只孔雀，凡是来求婚的人，每人发给两支箭，从门屏背后向孔雀射去，谁能射中孔雀眼睛，就把女儿嫁给谁。前来求亲的人络绎不绝，尝试箭射孔雀的超过了数十人，但没有一个人能够射中眼睛。最后上来的一位年轻人就是李渊，他弯弓搭箭，只听嗖嗖的两声，两支箭分别射中孔雀的两只眼睛。窦毅大喜，于是就把女儿许配给李渊。这证明李渊弓马娴熟，骑射俱佳。两人结婚后，窦氏为李渊生了四个儿子，即长子李建成、次子李世民、三子李玄霸、四子李元吉和一个女儿。史书上还记载了这样一件事，从中可以看出窦氏的见识。据说李渊喜爱良马，并常在家中圈养。隋炀帝继位之后，窦氏曾经向丈夫劝说道："当今皇上的脾气您是知道的。他也喜好这些良马，您为何不挑选几匹献给他？如果将这些马匹留在家里，只会招来罪过，不能有什么好处。"李渊却没有把夫人的劝说当回事儿，果然，不久就遭到隋炀帝的谴责。后来，李渊看到隋炀帝治国混乱，动辄滥杀无辜大臣，为了确保自身的安全，就多次向隋炀帝进献鹰犬名驹，隋炀帝果然十分欢喜，还提拔他作了将军。不幸的是，此时窦氏已经病逝。回想夫人当年的劝告，李渊曾动情地向儿子们说："如果早些听取你们母亲的劝告，很久以前就可以得到将军的职务了！"窦氏良好的文化素养，卓越的政治见识和人格修养，都给年幼的李世民以深刻的影响。

受家庭的影响，李世民自幼尚武，爱好骑马射箭，经常驰骋猎场，是一位意志坚强、性格豪放的贵族子弟。由于身强力壮，他所用的箭比一般人大一倍。他的箭法高超，在百步之外就能射中门阖。习武之余，研读兵书也是李世民幼年生活的一个重要部分。李世民对《孙子兵法》非常感兴趣，据说能够倒背如流，他还时常就《孙子兵法》的理论同父亲进行探讨，这使李渊意识到他在众兄弟中确实有着超群的见识。李世民做了皇帝后曾经回忆说："我小的时候很喜欢射箭，自认为能够领悟其中的妙处"。在隋末的动荡岁月中，李世民正是从家族传统的教育中养成了卓越的政治见识和军事才能，从而使他在日后的夺权斗争和统一全国的战斗中，成为出类拔萃的风云人物。

16 岁时，李世民与 13 岁的长孙氏结婚。长孙氏的先世源于北魏时的皇族拓跋氏，因为曾担任宗室长，故改姓长孙氏。长孙氏的祖父长孙兕曾在北周时担任左将军，长孙氏之父长孙晟则是隋朝的右骁卫将军，也有尚武家风。长孙晟不仅弓马娴熟，而且身怀轻功绝技，出使突厥时，在可汗帐前一箭射中双雕。长孙晟的哥哥长孙炽，是隋朝的尚书，三品大官，对李世民的母亲窦氏幼年的故事早有耳闻。他对弟弟长孙晟说，这样的女子一定会培养出不寻常的孩子，应该跟他们联姻。于是，长孙晟的女儿嫁给了李渊的二儿子李世民，她就是贞观时代的长孙皇后。长孙家族知道人才与家教的密切关系，看重了李家的家庭教育，眼光真是不同凡响。长孙炽的确有识人之力，李世民后来果然成长为优秀的政治家。两家军事贵族的联姻，可谓门当户对。有的学者认为，自李虎开始，李氏家族大多与胡族联姻，其尚武精神对李世民的成长发生了潜移默化的影响。同时，这种"胡汉混血"的家世，也对李世民后来的治国实践产生了很大的影响，使他对少数民族和外国的文化，较少隔阂和歧视，显示了豁达的胸襟。正因为有这样的双亲，有这样的家族背景，李世民才得以在政治舞台快速地成长起来。

2. 自古英雄出少年

人们常说乱世出英雄，李世民生逢大动乱的隋朝末年，时势为他提供了展露才华的大好机会。隋朝是在三国两晋南北朝近 400

年的大分裂之后，出现的一个统一王朝。但这个建于581年的统一王朝，仅仅维持了38年的时间，就在暴乱中短命而亡。隋炀帝即位以后，大兴土木，四处巡游，穷兵黩武，加上连年水灾，天下大乱，农民起义风起云涌，统治集团内部也矛盾重重。隋炀帝被围雁门，是李世民走上历史舞台的开始。

大业十一年（615）四月，隋炀帝任命李渊担任山西、河东抚慰使，李世民随父至河东。当时，北方的突厥族趁隋王朝内乱之机迅速发展起来，时常骚扰边地，是隋王朝的一大边患。这年八月，隋炀帝巡视北部边境，突然遭到突厥首领始毕可汗数十万骑兵的围攻。始毕可汗攻陷了雁门郡41座城池中的39座，仅剩雁门和崞县未被攻破。隋炀帝被被困雁门城中，城内有军民15万人，储存的粮食仅够吃半个月，人心惶惶，形势十分危急。大臣樊子盖建议守城以消耗敌人的锐气，同时征招四方兵士增援。但由于突厥兵层层包围，隋炀帝与外界失去了联系，只好把征集援军的诏书系在一块木头上，投入汾河，使之顺流南下，以便传出诏书，引来援兵。

募兵勤王的诏书传出以后，河东地区的军民纷纷开赴雁门。李世民当时18岁，正随担任山西、河东抚慰大使的李渊驻河东（今山西永济西南），募兵勤王之事让李世民热血沸腾，兴奋不已。他毅然告别家人，应召入伍，驻扎在屯卫将军云定兴的大营中。李世民详细分析了时局，向云定兴提出建议说："始毕可汗发动全国的兵力围困天子，一定是认为我们仓猝之间没有办法找到援军。我们可以白天摇旗呐喊，数十里不断；夜间则击鼓相应，以迷惑敌人。只要我们摆开阵势，让敌军错误地认为我们有很多人，他就会望风而逃。否则，我军寡不敌众，是无法战胜他们的。"将领云定兴采纳了这个计谋，让士兵多拿旗帜，四处敲鼓，果然引起突厥的疑虑，加之各地援军陆续逼近，突厥的义成公主也派人奏告国内告急。于是始毕无心恋战，撤兵北归。雁门被围33天后，隋炀帝终于躲过一劫，得以返回洛阳。在这次战役中，李世民初露锋芒，显示了他不凡的军事眼光和英雄胆识。同时，初试身手即获成功，也极大地鼓舞了李世民的斗志，增强了李世民的自信心。他称帝以后，还曾向大臣夸耀道："朕年仅18岁时，便开始经营霸王之业。"

大业十二年（616年），李渊奉诏担任太原留守，奉命镇压当地的农民起义军。当李世民跟随父亲来到晋阳（今太原）时，农民起义已席卷三晋大地。在镇压农民起义的过程中，李世民的人生发生了重大的转折。

李渊担任太原留守时，面临两大威胁：南有号称历山飞的魏刀儿农民起义军，北有蠢蠢欲动的突厥军。李渊对李世民说："我们的祖先被封于唐，就是太原这个地方。如今我又到这里做官，真是上天的恩赐。上天给予而不争取，祸患就会降临。历山飞不能消灭，突厥不能讲和，就难以兴邦济世。历山飞人多势众，劫掠多年，巧于攻城，勇于力战，南侵上党，北犯太原，实为心腹之患。"当魏刀儿部将甄翟儿率2万余人骚扰太原时，隋朝将领潘长文被杀，李渊带领李世民率兵五、六千人前往征讨。军至西河郡永安县雀鼠谷时，与敌军相遇，双方发生了激烈战斗。在敌强我弱的形势下，李渊让老弱病残的兵士居于阵容的中央，舞动旌旗，造成兵士众多的假象，然后率领精兵杀入阵中。由于农民军人多势众，李渊陷入阵内，不得脱身。危急时刻，李世民率轻骑突围，搭弓连射，所向披靡，将李渊救出，并与适时赶到的步兵联合，将农民军打败。接着，李渊父子收编农民起义军余部，势力逐渐壮大。在这次战役中，李世民镇定自若，骁勇善战，所到之处，敌人望风披靡。

隋朝末年，隋炀帝奢侈无度，开凿运河，巡行江南，百姓疲于力役，田地荒芜，长期积聚的社会矛盾迅速激化。大业十三年（617），农民起义的烈火，以燎原之势，席卷全国。最终形成3只大的起义力量：一是中原一带李密、翟让领导的瓦岗军，二是窦建德领导的河北义军，三是杜伏威、辅公祐领导的江淮义军。同时，隋朝统治集团内部也分崩离析，许多豪强拥兵割据，称霸一方。另外，走向败落的关陇贵族后裔，南朝覆灭政权的后代等，也都加入了反隋的行列。这一切，预示着隋王朝走向灭亡的大势已不可阻挡。暂时留在隋统治集团内的李渊父子积极扩充军力，静观风云变幻。

当隋朝的大厦即将倾覆之时，李世民也在谋划自己的前程：是继续充当隋炀帝的枪手，镇压农民起义军呢，还是决然投入反隋的洪流建功立业呢？现实使他领略到了农民起义军的巨大威力，感到各地起义军已经形成了不可阻挡之势，单靠镇压无济于事。他对李渊说："大人受诏讨伐起义军，能讨伐的尽吗？如果不能，最终也不免获罪。"一个曾经积极应募勤王的士兵，此时已经萌生了夺取天下之心。在太原将近一年的时间中，李世民广结豪友，象长孙顺德、刘弘基、窦琮等，都是从这一时期开始跟随李世民的，这些人后来为李唐王朝的建立立下汗马功劳。特别是晋阳县令刘文静，与李世民结识后，成为忘年之交，而且成了晋阳起兵的关键人物。而隋朝末年的大动乱以及动乱中的战斗经历，成为一笔宝贵的财富，为李世民日后的征战和治国生涯奠定了基础。

二、灭隋建唐　统一全国

上阵父子兵。作为唐朝的开国皇帝，李渊造反起兵所依靠的主要是他的儿子李世民。在平定农民起义的过程中，李氏父子看到隋王朝统治阶级内部分崩离析，民不聊生，大乱之势不可阻挡，便萌生了推翻隋王朝腐朽统治，建立新政权的念头，但是一直不敢轻举妄动，只是韬光养晦，暗中扩大自己的势力。李世民在晋阳期间，推财养士，结纳豪杰，凡是有可取之处的人才，他都会给予礼遇。在各地叛乱此起彼伏，外族突厥趁机威胁中原的情况下，李世民力劝父亲及早起兵，最终李渊下定决心，派世民招兵买马。李世民早已广结豪杰，此时振臂一呼，旬日之间，就招募到了近万人的队伍，这支队伍日后成为李氏父子晋阳起兵的主力军。

1. 晋阳起兵

根据新旧《唐书》和《资治通鉴》的记载，李渊和李世民父子酝酿、策划晋阳起兵的过程大致如下：

大业十三年（618）四月，李世民的密友、晋阳县令刘文静因与瓦岗寨起义军首领李密联姻而被捕入狱，李世民前去探望，趁机商讨起兵方案。刘文静说："如今天下大乱，没有商汤、周武那样的才能和汉高祖、光武帝那样的志向，是不能挽救危局的。"李世民便向他说出了图举大计的意思："你怎么知道没有这样的人才呢？只是一般人不能觉察罢了。我来探望你，就是要与你共图大计，请你统筹谋划。"于是，刘文静就分析了天下的形势："如今李密的瓦岗军围攻洛阳，隋炀帝避难江南，起义军大者攻城陷郡，小者入山泽自保，他们各自为战，势单力薄，需要一个英明之主来驾驭。"还对晋阳一带的局势作了精辟分析："我刘文静在晋阳多年，了解当地豪杰的情况。如果举旗召集，可以立即得到 10 余万人。令尊大人为太原留守，领兵数万，您若出面号令，谁敢不从？"接着胸有成竹道："如今关中空虚，趁机入关，号令天下，不出半年，帝业可成。"李世民闻之大喜，笑着说："您的话正合我意！"起兵计划，就此拟定。

　　这个起兵计划虽好，但如果没有太原留守李渊的支持和参与，是不会成功的。为了弄清李渊的态度，刘文静将裴寂介绍给李世民，参与谋划。裴寂是晋阳宫的副监，晋阳宫是皇帝的行宫，皇帝如果到太原，就住在晋阳宫中。皇帝虽然很少来，但是皇帝的威仪不可少，时刻准备着迎驾。因此，晋阳宫在太原，实际上是一个小皇宫。裴寂与李渊交情深厚，两人常在晋阳宫宴饮通宵，无话不谈。为了拉拢裴寂，李渊不惜拿出自己的积蓄数百万，让他的密友高斌廉与之博弈赌钱，故意让裴寂赢钱数百万。裴寂得知原委后，与李世民关系日益紧密。待时机成熟时，李世民便将起兵计划全部告诉他，请他帮助做李渊的工作。裴寂心领神会，约李渊到晋阳宫饮酒，当李渊大醉之时，又让宫女"侍寝"。待李渊醒酒，裴寂便把李世民的起兵计划转告李渊，并说："安排宫女侍奉，如果暴露就要杀头，我这样做就是为了劝你下决心起兵啊。如今天下大乱，正是大丈夫有所作为之时。如果你起兵反隋，一定能成功，不知你意下如何？"其实，身为太原留守的李渊，处于隋炀帝心腹、太原副留守王威和高君雅的监视之下，心中早有不满，但因势单力薄，不敢流露不满情绪，而且还故意纵酒纳贿，表明没有政治远见和野心。如今听了裴寂之言，立即附和说："既然我儿决定起事，事已至此，我必须支持他。"

但是，不久发生的一件事情使起兵之事一波三折。突厥始毕可汗率兵攻打马邑郡（治今山西朔州），隋炀帝令太原留守李渊和马邑太守王仁恭迎敌。由于王仁恭不听李渊的"指示"，隋军大败。隋炀帝恼怒不已，准备拘捕李渊，诛杀王仁恭。李世民和裴寂当即劝李渊立即行动，但数日后，隋炀帝派人赦免了李渊和王仁恭，起兵之事被搁置起来。接着，马邑军人刘武周杀死王仁恭，聚众造反，北连突厥，南下直逼晋阳。危急关头，李渊和李世民父子精心安排了行动方案：

首先，让刘文静以隋炀帝的名义下诏，征发25至50岁的男子充军，准备征伐辽东，借以引起民众对隋炀帝的不满情绪，为起兵营造一个有利的社会环境。第二，派人到河东和长安召回李建成、李元吉及李渊的女婿柴绍等人，齐聚晋阳。第三，借镇压农民起义之名，公开招兵买马，扩充军队。

不料，李氏父子密谋起义之事被王威和高君雅察觉，于是两人暗中策划了一次晋祠祈雨大会，想骗李渊前来，将他杀害。但这个阴谋泄漏，李渊和李世民决定反其计而用之。到了祈雨的那一天，李渊来到晋祠与王、高会见，这时长孙顺德、刘弘基等人在殿廷之内候机待发，而李世民又伏兵晋阳城外，严密封锁，以备不策。在祈雨会上，刘文静突然带领开阳府司马刘政会来到庭上，说有密状告发王威、高君雅等人私通突厥，谋叛朝廷。李渊不等他们申辩，就令长孙顺德等人将王、高二人逮捕，适逢当时有突厥骑兵入侵中原，李渊就借机名正言顺地将两人杀掉了。这就是著名的晋阳兵变，是李渊父子公开反隋的标志。

可见，根据正史的记载，晋阳起兵是李世民一手策划领导的，李渊只是听从了李世民的建议，或李世民设计使李渊被迫起兵，把晋阳起兵的主要功劳归于李世民。这是因为，新旧《唐书》多取材于贞观年间修撰的实录和国史，而实录和国史的所谓事实，不少是为李世民取得皇位的合法性而故意捏造的，后世史者不加考辨，以致以讹传讹。

实际上，晋阳起兵的真相，应该是以李渊为首的军事政治集团，看到隋朝大势已去，开始谋划夺取最高权力。而从政治影响、军事经验、经济实力、社会地位来，这个集团的核心人物是李渊，所以，李渊才是晋阳起兵的主谋。作为李渊的次子，李世民是其得力干将，很早就参与了晋阳起兵的谋划，并且在帮助李渊定策、联络豪杰大侠、联合突厥等方面，李世民都发挥了重要作用。对于20岁的李世民来说，他的表现非常出色，"少年英雄"的评语，实在是太恰当了。

晋阳起兵之后第一次较大规模的战役是西河之战。西河郡丞高德儒奉隋炀帝之名，阻止李渊南进。李渊派长子建成和次子世民共同出战，两人被称为大郎、二郎，身先士卒，深得部下爱戴。兄弟俩领导的起义军纪律严明，斗志高昂，很快就攻克西河。接着，李渊便构建了反隋起义的军事政治机构，设置了大将军府，分为三军，任命李建成为陇西公，左领军大都督，指挥左三军；

任命李世民为敦煌公，右领军大都督，指挥右三军。同时任命的还有长史裴寂、司马刘文静、记室唐俭和温大雅，以及统军长孙顺德和刘弘基。这样，新的政治集团具备了雏形。李渊以四子李元吉为镇兵大将军、太原郡守，驻守晋阳，自己亲率3万大军，自晋阳挥兵南下，霍邑之战打响了。

西河战役之后，李渊率领3万大军从太原出发，来到霍邑附近。此时，遇到连绵阴雨，道路泥泞，粮草断绝，行军困难。而霍邑守将宋老生拥精兵两万，严阵以待。李渊召集部下商量对策，裴寂等人都认为这个时候不宜夺取霍邑，理由是，一来粮草并不是很充裕，二来有传言说刘武周正与突厥联合，趁太原虚空准备突袭。太原是唐军的大本营，军队的眷属都还留在那里，失掉太原就等于失掉了根本，因而裴寂等主张撤兵回守太原。李渊一向谨慎小心，听了大臣的说法，便下令班师回太原。但在这个关键的时刻，李世民坚决地认为应该攻取霍邑。他向李渊分析说，现在虽然缺乏粮食，但是所在之处秋稼遍野，完全可以用来充饥。而且留守霍邑的宋老生是一个轻狂愚昧之辈，根本不是唐军的对手，不堪一击。再者，刘武周与突厥之间貌似相附，实则相互猜忌，他们联合举兵攻入太原的可能性不大。我们举兵起事，就是为了夺取天下，应直入京城。而现在起义军刚刚取得了胜利，正可一鼓作气，直下京城。如果遇到一点困难就退缩，那么好不容易聚集起来的义军就很容易士气大衰而解体。退守太原，与割据为王的强盗有何区别呢？这番话开始并没有改变李渊的主意，李渊仍执意还兵太原。李世民心急如焚，当夜在李渊的帐外号啕大哭。李渊听到哭声，立刻召见李渊，问他为何如此悲伤。李世民情真意切地晓以利害："我们起兵，就是为了一个义字，气可鼓不可泄啊。如果还兵太原，很可能导致军心涣散。如果敌人趁机追击，身败兵死，危在旦夕，我怎么能不悲伤呢?"由于心情激动，李世民声泪俱下。李渊看他主意这样坚决，也为之动容。但班师军令已下，李渊深感为难。李世民冷静地说："我所属右军还没动身，左军虽已撤退，但走得不远，请允许将他们追回。"李渊经过全面慎重的分析后，决定听取李世民的意见，进军霍邑。到了八月，雨水逐渐停息，而太原运来的粮草也比较充足，战争的时机基本成熟。李渊先派出长子建成和次子世民各率精兵数十人，前去挑战，而守城的宋老生果然出门迎战。建成和世民一边在正面打击宋老生的军队，一方面又偷偷地派轻骑插入敌军阵后，使得敌人受到前后夹攻，腹背受敌，不久就溃散，宋老生也在乱军中被杀。

霍邑之战取得了重大胜利后，李氏父子势如破竹，直指隋朝的战略要地——河东。河东的地理位置险要，相当于关中的门户，因此隋炀帝派重兵把守，守城的大将屈突通，经验丰富，拼死抵抗，致使河东之地久攻不下。面对这种情况，李世民主张绕过屈突通这道难关，趁大军节节胜利之势，立即入关。如果滞留不前，京师的守卫会更加坚固，而失去入关的时机，则前途难以预料。但裴寂等人则主张必须先灭掉屈突通，然后才能入关，否则会腹背受敌，非常被动。李渊权衡两种意见，给予折中。他兵分两路，亲自率领大部分军队入关，攻取长安。另派一支军队专门对付屈突通，以防后患。同时，令李世民率领数万人平定渭北的泾阳、云阳、武功等县。李世民自渭北引兵到达司竹园，收编了李仲文、何潘仁、向善志等人所率领的军队，驻扎在原秦的阿房宫城。十月，李渊率领20余万大军逼近长安，李建成也做好了从东南方向进攻长安的准备。十一月，战争爆发，唐军攻陷长安城。从战事的发展看，李世民进攻霍邑和渡河入关的建议都是正确的，他杰出的政治和军事才能无人可比。

2. 建立唐朝

李渊进入长安后，并没有立即称帝，而是立隋王室成员王侑为皇帝，即隋恭帝，改元为隋义宁元年。李渊则为大丞相，进封唐王，独揽军事大权和一切要务。又封李建成为世子，李世民则为京兆尹、秦公，李元吉为齐公，裴寂为宰相，刘文静为司马。第二年，又改封李世民为赵公。这年五月，隋恭帝禅位于李渊，李渊正式即皇帝位，改国号为唐，改元武德，以隋大兴城为京师，改名为长安。长子李建成为太子，次子李世民为秦王，拜尚书令，四子李元吉为齐王，仍坐镇太原。这样，唐王朝就正式建立了。这一年，李世民22岁。

李渊登基后，下诏钦定李世民和裴寂为首席功臣。根据《唐会要》的记载，诏书中说李世民"和契元谋"，即李世民是第一个与李渊合谋起兵的人，父子二人在反隋起兵上一拍即合，而且舍生忘死，备受艰辛，是太原起兵和唐朝开国的第一功臣。

唐王朝建立后，全国各地的割据势力尚未平息，李密的瓦岗军、王世充的郑政权、薛举的西秦力量强大，刘武周连结突厥，割据晋北，窦建德的农民起义军日益强大，等等。而唐王朝能够控制的地域不到全国总面积的三分之一，新生的政权岌岌可危，统一全国的任务相当艰巨。面对群雄逐鹿的局面，如何进行统一全国的战争？李世民认为，唐王朝最危险的敌人是来自西北的薛举、薛仁杲父子，他们野心勃勃，不断东进，对长安造成严重威胁，是刚刚立足关中的唐王朝的劲敌。因此，他主张先用兵西北，消灭薛氏父子，解除长安的西顾之忧，并进而控制西北，获得充足的战马、粮草等战略物资，然后转头向东挺进，进而夺取全国政权。最终，李渊采纳了李世民的主张，制订了先西后东的战略方针。

3. 秦王破阵

由于太子不宜轻动，秦王李世民便成为统一战争中唐军的统帅。在他剪灭群雄的历程中，主要有以下几件大事：619年打败陇右薛仁杲，收编其部下精锐骑兵；当年年底赴河东与刘武周、宋金刚交锋，苦战半年，收复失地；620年，东征王世充，第二年打败增援王世充的窦建德，迫使王世充投降，取得逐鹿中原的最后胜利。

陇右豪强地主薛举，本为河东人，随父迁徙金城（今甘肃兰州），曾为隋金城府兵校尉，凶悍善射，骁勇绝伦。大业末年，在镇压农民起义的过程中，他趁机夺取了金城政权，自称西秦霸王，建元秦兴，封其子薛仁杲为齐王。他们结交豪杰，扩充实力，号称13万大军，雄居西北。大业十三年（617）七月，薛举在金城称帝，修陵立庙，设置官府。

历经多次大战的李世民一直被誉为"常胜将军"，他登基后，还有人专门创作了《秦王破阵乐》，歌颂其军事成就。唐太宗亲自制作的《破阵舞图》，把作秦王时的几次重大战役做了形象的反映，具有浓郁的战斗气息和强大的威慑力。其实，李世民也有兵败之时，在与薛军的对抗中，他曾有过惨败的教训。唐军曾先后3次与西秦军作战，指挥都是李世民。

第一次作战爆发于李渊入长安不久。当李渊父子入主长安的消息传出后，薛仁杲亲自率领 10 大兵进逼渭水，包围了扶风郡，俨然要与李渊父子决一死战。李世民挺身而出，率领大军在扶风郡与敌人展开激烈的战斗，李世民年轻气盛，手下官兵斗志激昂，一举击败薛仁杲，并乘胜追击到陇坻，逼近敌军的老巢。这次战役不仅对薛氏父子造成重创，而且使得唐军威震四方，随后，扶风、汉阳、平凉、河池等地相继投降，唐王朝的势力进一步扩大。

第二次作战始于武德元年（618）六月。薛举趁唐朝初建，根基未稳之际，举兵东进，攻打泾州，又在豳州、岐州一带挑起骚乱。李世民再次挂帅，而且是以秦王的身份第一次单独率兵出征。望着飘扬的军旗，李世民这个所向披靡的年轻统帅无比兴奋。他带领刘文静、殷开山等人率兵与薛举在高墌（今陕西长武县北）对峙。李世民认为敌军远道而来，不久就会粮草匮乏、士兵疲惫，因此，应采取持久战，将敌军拖垮，然后一战而捷。但是刘文静等则没有把敌人放在眼里，主张及早出战。这时李世民突患疟疾，卧病在床，不得不将实际的指挥权交给了刘文静等人。于是，刘等陈兵于高墌西南，准备进军。但薛举趁唐军不备，率精锐部队从背后包抄，对唐军形成了两面夹击之势，唐军猝不及防，腹背受敌，大败而归。这次不仅丢了高墌，而且大将军慕容罗睺、刘弘基等都被俘虏，士兵死伤无数，这次失利可以说是李世民自从晋阳起兵以来失败得最惨烈的一次。对于此次战役，有人认为李世民虽然患病，但毕竟仍在军营，对刘文静等人的轻率行为应该知晓。作为军事首脑，他负有不可推卸的责任。甚至患病之说是假的，只是为了掩饰错误，逃避责任。纵观李世民的戎马生涯，无论是雁门关建议疑兵之计吓退突厥，还是霍邑反对退兵，直到主张绕过河东直取长安，都反映了他一贯的急进冒险的军事思想。而在这种思想主导下，与薛举的第二战却以惨败而告终，给了这位豪情万丈的年轻统帅当头一棒。善于思考总结的李世民，从这次的教训中意识到轻敌冒进的危害，认识到沉稳坚韧的重要性，在接下来的战斗中保持了冷静的头脑。

西墌战后不久，薛举病故，其子薛仁杲继续带兵准备攻击长安。李世民第三次出征。薛仁杲号称"万人敌"，李世民面对的是强大的对手。李世民吸取以前的教训，没有主动出击，而是在临近高墌的地方按兵不动，与敌人相持。当时手下有很多部将要求出兵，但李世民劝阻他们说：我们刚刚打了败仗，士兵的士气不振，而敌军因为刚刚获胜，气势高涨，而容易骄纵轻敌。所以现在最好的办法是相持一段时间，挫败敌人的锐气，等他们气势有所衰竭后，再一举进攻，到时候一定能够大获全胜。同时，李世民不仅坚决制止出战的建议，甚至下令，再敢说出战的人将被斩首。薛仁杲为人暴戾，刚愎自用，有勇无谋，加上粮草不足，军心动摇，两军对峙了两个多月，不断有下级军官悄悄前来投降。李世民见薛仁杲众叛亲离，认为进军的时机已经成熟，于是派遣行军总管梁实到浅水原扎营驻军，引诱敌人。敌军将领宗罗睺中计全力出击，而梁实坚守不出。宗罗睺久攻不下，军士十分疲惫。李世民瞅准时机命令右武侯大将军庞玉到浅水原南面布阵，与宗罗睺发生激战。正当两军鏖战之时，李世民亲自率领大军从浅水原北面突然出击，宗罗睺没料到两面受敌，十分狼狈。唐军气势如虹，士兵呼声震地，敌军望风而逃者不计其数。李世民乘胜追击，其舅父窦轨扣马劝阻说："薛仁杲据保坚城，易守难攻，我军没有攻城工具，千万不要轻举妄进。请按兵不动，以观事态。"

李世民说："我考虑好久了，乘胜追击，势如破竹，机不可失啊!"并亲自率领骁勇善战的骑兵直逼折墌城下，扼守住泾水南岸，其余官兵则将折墌城紧紧包围，薛仁杲被困城中，只有死路一条。城内人心惶惶，守城者见大势不好，趁夜半时分下城投降，薛仁杲见大势已去，只得率百官投降。唐军俘获敌精兵万余，人口5万，全胜而归。

战后，有人问李世民："大王大败宗罗睺时，薛仁杲据保坚城。您为何冒险率轻骑猛追，而不等待主力部队呢？众人都怀疑能否取胜，大王却果然取胜，这是为什么呢?"李世民回答说："之所以率轻骑猛追，是形势所迫。宗罗睺虽败，其部众尚未消灭，若不乘胜追击，他们就会入城与仁杲会师。我率骑兵紧追不舍，他们才会惧怕而降。"众将极其钦佩。李世民灭薛仁杲后，不计前嫌，笼络人才，安抚军民。降将莫不心悦诚服，都愿意为秦王效力。薛仁杲的亲信褚亮出身南朝名门，博闻强记，能文善谈，李世民屈身下士，以礼相待，两人成为至交。后褚亮入秦王府，成为著名的"秦王府十八学士之一"。其子褚遂良，更是贞观时期的重臣。可见，大乱之世，英雄与寇匪的归属，不在于兵力一时之强弱，也不在于几次战役的胜负，而在于其胸襟、抱负和志向的差别。

控制陇西5年之久的薛秦政权覆灭了，李世民为唐王朝解除了西北方面的忧患，消除了争夺关中的对手，取得了辉煌的胜利。凯旋长安后，他被拜为太尉、使持节、陕东道大行台，镇长春宫，蒲州、河北诸府兵马都受其节度，赢得了很高的声誉和威望。

李世民的下一个目标就是出关厮杀，大战刘武周。

刘武周是河间景城（今河北交河东北）人，随父亲迁居马邑。

他不事产业，爱结交豪杰，骁勇善射。他哥哥曾告诫他说："你乱交朋友，最终会连累我们家族。"因不堪其兄的多次辱骂，刘武周离家出走。逃到洛阳时，恰逢隋炀帝出兵高丽，他便应征入伍，并立了军功。隋炀帝大业十三年（617），他回到马邑，担任马邑鹰扬府校尉。他与同郡的张万岁等杀掉太守王仁恭，聚众万余人起义，自称太守。之后，他依附突厥贵族，攻占了雁门、烦楼、定襄等郡，突厥封他作了"定杨可汗"，赠以象征尊贵地位的狼头纛。他也自命不凡，自称皇帝，定年号为天兴。武德二年（619年）三月，刘武周在突厥贵族的支持下，南下并州，担任并州总管的齐王李元吉抵挡不住，失掉了这座离晋阳很近的军事要地。四月，刘武周在大将军宋金刚的建议下，逼近唐军的大本营晋阳，誓与李氏父子争夺天下。领兵大将宋金刚率领两万人马，再加上突厥的帮助，几乎攻无不克，所向披靡。唐军接连失去了榆次、平遥、介州等地，太原也处于危急之中。李渊任命右仆射裴寂为晋州道行军总管，到前线督战，讨伐刘武周。但是，裴寂哪里是老谋深算的宋金刚的对手！裴寂在度索原扎营，军士引用山涧里的水，宋金刚就切断水源；裴寂转移营地，宋金刚知道敌军长时间缺水疲惫，就趁机进攻。裴寂连连失利，几乎全军覆没。刘武周见形势十分有利，马上带兵进攻唐王朝的根基太原，守城的李元吉无力抵抗，只好携带妻儿逃回长安，放弃了太原，山西全境几乎全部落入刘武周手中。

太原是李唐政权龙兴之地，而山西则是长安的屏障。太原的陷落在唐王朝中引起了极大的震惊，李渊听到消息后，惊慌失措，担心战火烧到关西，竟下令放弃黄河以东的地区，固守河西。紧要关头，李世民上书说："太原是王业的根基，国家的根本，河东地区富饶，京城的粮草等物资都靠它供给，如果放弃，太可惜了！希望能给我 3 万精兵，必定可以消灭刘武周，收复晋阳。"李渊看罢，感觉李世民言之有理，情真意切，便改变了初衷。征调关中所有兵力扩充李世民的部队，让他率军东征，挽救时局。李渊还亲赴长春宫为李世民钱行，隆重庄严的钱行仪式刚刚结束，李世民就踏上了讨伐刘武周的征程。

时值隆冬，李世民趁河水坚硬，带兵从龙门横过黄河，驻扎在柏壁（今绛州西南），一边与宋金刚对峙，一边打算招募兵士积攒粮草，扩充自己的势力。但是这时，黄河以东的州县刚刚遭受抢劫，无粮食可征，而且人人惧怕侵扰，聚居城中不出。在招不到新兵，军队的粮草也日益匮乏的情况下，李世民意识到只有争取到民心，才能获得胜利的砝码。于是他想方设法安抚人心，不准兵士扰民。李世民在民间素有威望，再加上他的安抚政策，当时的百姓听到他的名字都踊跃归附，军队逐渐征集到人员和粮草，力量强大起来。虽然人力物力都已经得到了扩充，但李世民并不急于与敌人一决胜负，而是休养生息，让远途劳顿的兵士喂饱战马，养精蓄锐。李世民认为，敌人兵众将广，千里来战，锐不可当。只能智取，不能硬拼。只要深垒高壁，待其粮草竭尽，则敌人锐气必挫，势力必定逐渐削弱，到敌疲我强的时再发起进攻，一定战无不克。这就是李世民在战斗中屡试不爽的战术——"坚壁搓锐"。李世民率军与敌人坚持了长达 5 个月的对峙，这期间不断派兵切断敌军的运粮通道，敌军的粮草供应逐渐匮乏，军心动摇，逼得宋金刚不得不在武德三年（620）二月下令后撤。李世民见敌军疲惫，就全力追击，直到介州。李世民的官兵长期休养生息，这个时候终于有了用武之地，全军的斗志都十分高昂，在这年四月大破敌军大将寻相于吕州，并乘胜北上，一昼夜行军200余里，激战数十个回合。这时士兵已疲惫不堪，李世民仍令继续追击。其部将刘宏基请求停止追击，劝说李世民停战休息，等待兵马粮草准备齐备了再行出战。但李世民坚决认为，敌军已经无计可施，军心涣散，正是进攻的最佳时机。如果这个时候停滞不前，就等于给了敌军喘息应对的机会，到那时再想打败他们就困难了，所以必须乘胜追击。李世民身先士卒，策马扬鞭。将士们看到主帅如此英勇，都十分感动，忘记了疲惫饥饿，在雀鼠谷追上宋金刚，一天交锋8次，连战连捷，一鼓作气俘获敌军数万人，取得了对刘武周作战以来的重大胜利。此时，李世民已经两天没有进食，3天未解甲休息，在军中无粮的情况下，与众将士分吃一只小羊，极大地鼓舞了士气。他带领部下在雀鼠谷西原夜宿一晚后，又继续奔赴介休城。这时，宋金刚还剩二万部队，出西门，背城布阵，与唐军决一死战。李世民命令李世勣、程咬金、秦叔宝驻扎北面，翟长孙、秦武通驻扎南面，他则亲自率领3000精锐骑兵冲到阵后，对宋金刚形成包围之势。宋金刚溃不成军，落荒而逃。这时，敌军将领尉迟敬德、寻相等率余部8000前来投降。尉迟敬德是朔州人，武勇善战。李世民爱惜他的才华，不顾他身为降将，任命他为右一统将军，李世民善于举贤任能的作风初露端倪。宋金刚只得与部下100多骑兵逃亡，投奔突厥。后来，宋金刚又打算返回上谷，被突厥捉回杀死。刘武周听到宋金刚全军溃败，知道无所依靠，只好带了百余骑向北投奔突厥。李世民进驻晋阳，重新夺回了并州、汾州等地。为了防止刘武周再次作乱，他命令将领李仲文留守并州，自己则班师回到长安。这次战役，从武德二年（619）十一月出征到次年四月结束，历时半年的时间，李世民又一次圆满地完成了使命，消除了唐王朝的一个大隐患，为巩固初生的政权立下了大功，而且为进一步挺进中原解除了后顾之忧。他杰出的军事指挥才能，也逐渐得到了朝野上下的一致认可。

李渊父子攻占长安以后，本打算进一步谋图东都洛阳。武德元年（618）正月，李渊命李建成为左元帅，李世民为右元帅，督诸军10余万人，直奔东都。四月，大军行至东都，扎营在芳华苑，准备入城。但是洛阳城被隋军牢牢守住，久攻不下。李世民认为唐军平定关中不久，根基还不牢固，即使得到东都，也不能守住，于是毅然放弃了攻打洛阳的计划，引军还朝。在部队撤退时，李世民预料隋军会前来追击，就在三王陵设下埋伏。隋将段达果然率1万多人追来，遭遇伏兵，大败而回，而唐军攻打洛阳的计划也暂时搁置。后来，唐王朝为了对付主要的危险薛举父子和刘武周，更加无暇东顾。在消除了刘武周的隐患之后，李唐王朝接下来的任务便是对付关东的敌人。这便爆发了唐王朝建立之后规模和声势最大的一次战役——征讨王世充、窦建德的战役。占据关东的王世充集团，力量强大，又有割据河北的窦建德的支持。所以，在洛阳周边展开的中原之战，必将是一场恶战。这次出征仍由李世民挂帅，前后历时10个月。前8个月主要攻打王世充，后两个月则主要镇压窦建德。

王世充本为西域胡人，后随父寓居新丰（今陕西临潼东北），隋炀帝时担任江都郡丞。隋炀帝巡游江都时，他察言观色，阿谀奉承，深得隋炀帝宠信。加上镇压朱燮、管崇、孟让等起义军有功，升任江都通守。大业十三年，河南瓦岗军在李密的领导下，横扫中原，把越王杨侗20万隋军困于洛阳城中。隋炀帝派王世充率江淮精兵前往救援讨伐李密。大业十四年（618），隋炀帝在江都（今江苏扬州）被禁军将领宇文化及等杀害以后，留守东都（今河南洛阳）的隋朝官员拥戴隋越王杨侗即皇帝位，改年号为皇泰，拜王世充为纳言、郑国公，王与段达、元文都、皇甫无逸以及卢楚、郭文懿、赵长文等共同掌握朝政，时人称他们为"七贵"，地位十分显赫。当时，隋王朝内部的纷争十分激烈，王世充杀了元文都、卢楚、郭文尉，依附于他的段达等人则逼迫皇帝下诏任王世充为相国，并借给他象征兵权的饰有黄金的斧头，使他可以征伐四方，总理政务，大权实际上全部掌握在王世充的手中。当时，瓦岗军和宇文化及作战时受到重创，元气大伤。王世充趁机偷袭瓦岗军，李密兵败投降，显赫一时的瓦岗军遂告解体。武德二年（619年）四月，王世充废掉杨侗，在洛阳称帝，改国号为郑，改元开明，成为中原地区最强大的政治集团。王世充虽然在朝中势力强大，但集团内部矛盾重重，派系斗争也十分激烈。加上王世充性情多疑、残忍狡诈，手下将领都提心吊胆，时有叛离，当时的名将秦叔宝、程知节等就先后投降了唐朝，成为李世民军队的骨干力量。

武德三年（620）七月，唐高祖李渊下诏命李世民统率诸军，直逼洛阳，攻打王世充。王世充得知敌军出关，积极部署，从各州选拔骁勇善战的军士，集中于洛阳准备应战。李世民率军到达新安，王世充坚守洛阳四城和周围重镇。在洛阳西面的军事重镇慈涧，李世民带领轻骑兵去前线察看军情，突然与王世充大部人马遭遇。双方人数相差悬殊，李世民陷入郑军的层层包围中。虽然情况十分危急，但李世民十分沉着，毫无惧色，凭借少年时期练就的功夫，策马扬鞭，左右开弓，终于杀开一条血路，突围而出，还俘获了敌将燕琪。由于战斗来得突然，又很惨烈，当李世民战罢返营时，满面灰尘，连部下都认不出来，甚至不让他进城。等到他摘下头盔发话，才进了军门。李世民第二天又率领5万步兵和骑兵，开赴慈涧，王世充闻声退回洛阳，不敢出战。李世民见王世充节节败退，就开始从容布阵，准备大举进攻：派遣行军总管史万宝从宜阳南据伊阙的龙门，派遣将军刘德威从太行东围攻河内，派遣上谷公王君廓从洛口切断东都的粮道，派遣怀州总管黄君汉从河阴攻击洛阳城，自己亲率主力驻扎洛阳北面的邙山，对洛阳形成合围之势。王世充的粮草供应被切断，随即陷入四面楚歌、孤立无援的困境。

八月，怀州总管黄君汉派校尉张叉从水路攻克回洛城，切断河阳（今河南孟州南）交通，击败王世充之子王玄应部的进攻。王世充陈兵于洛阳城西北的青城宫，李世民也列阵相迎，两军隔水对峙。王世充见唐军兵多势重，自知不是对手，即派人与李世民讲和，遭到李世民的拒绝。九月，唐军陆续控制了洛阳外围的大多数军事要地，多个郡县相继前来归附。王世充见大势已去，便派人赴河北向窦建德乞求援兵。

当时，由于降唐的原刘武周将领寻相等人大多叛唐而去，唐军诸将对来自刘武周的降将极不信任，尤其是尉迟敬德。为了防止尉迟敬德叛离，就将他囚禁在军中。行台左仆射屈突通、尚书殷开山甚至向李世民进言说："尉迟敬德骁勇善战，现在被囚禁，内心必然怨恨，留着他恐怕会成为后患，不如干脆将他杀掉。"李世民相信尉迟敬德的为人，更敬佩他的武功，所以坚决不同意将他杀害，就对屈突通等人说："尉迟敬德如果要叛离，又怎么会在寻相之后呢？"于是，马上下令释放尉迟敬德，还赐给他金子，并对他说："男子汉大丈夫相互之间意气相投，不要因为一些小事而介意，我不会相信谗言而害了忠良，您应该明白。如果您一定要走，这点金子就算作路费，以表我对您的情谊。"尉迟敬德见李世民这样器重相信自己，十分感动，暗下决心誓死保卫李世民。当李世民带领500骑兵巡视战区地形，登上魏宣武帝陵时，王世充率领万余人马突然出现，将李世民重重包围。王的部将单雄信手持长枪直奔李世民，千钧一发时刻，尉迟敬德跳上战马大喊一声，将单雄信刺在马下。尉迟敬德凭借他的勇猛气势，护卫着李世民冲出重围。不久，唐将屈突通率领大军赶到，内外夹击，郑军大败。唐军俘获王世充的大将陈智略，杀敌数千人，王世充落荒而逃。战斗结束后，李世民十分感慨地对尉迟敬德说："没想到这么快就得到了您的回报！"于是又赐给尉迟敬德一箱金银。尉迟敬德在洛阳城外救李世民的故事，在《说唐》中被改编为"御果园秦王遇雄信"，把尉迟敬德演绎成了神仙。尉迟敬德在军中以善于躲避敌人的长矛闻名，每次出战，敌人密集的长矛总伤不到他，却反而总被他先发制人。齐王李元吉平日颇以擅长骑术和使长矛自负，听说尉迟敬德的名声，就提议各自去掉枪头较量一番。尉迟敬德自己去掉枪头，却让齐王不必去掉枪头。比武时，李元吉始终刺不到尉迟敬德。李世民问尉迟敬德："夺矛和避矛哪个难？"敬德回答："夺矛难。"于是秦王就命令尉迟敬德去夺齐王手中的长矛。很快，尉迟敬德就3次夺到了李元吉的长矛。

武德四年（621）正月，李世民发动"黑衣行动"。他在军中挑选1000多精锐骑兵，全部穿上黑衣，佩戴黑甲，编为左右两队。每次作战，李世民都披上黑甲，率领黑衣将士充当先锋，黑衣战士以勇猛无敌令敌军闻风丧胆。屈突通和窦轨带兵巡行营屯时，突然与王世充遭遇，险败敌手之际，李世民带领黑衣军前来救援，打败了王世充的进攻，歼敌6000余人。二月，李世民得知王世充的儿子王玄应率兵从武牢运粮到洛阳，立即派将军李君羡前去阻截，大败敌军，缴获全部辎重，切断了敌军的粮草供应。

二月，王世充被迫从青城宫撤退。青城宫原为王世充陈兵之所，撤退时王大肆破坏防御工事。唐军刚到，王世充料定唐军壁垒尚未修好，突然率两万兵马反扑，令唐军猝不及防。李世民很有信心地对身边的人说："敌人的兵力已窘迫了，倾巢而出，想侥幸打一仗，今日打败他，以后他就再也不敢出战了。"当即，李世民命令屈突通率5000步兵渡过谷水引诱王世充出战，并与屈约好以烟火为信号，看到烟火燃起，李世民会带兵亲征。不久，就见狼烟四起。李世民身先士卒，与屈突通汇合兵力奋力冲击。为了了解王世充兵力分布情况，李世民带领几十名精锐骑兵冲入敌阵，所向披靡。混战中李世民和众骑兵走散，又被长堤所阻，身边只剩将军丘行恭。敌兵蜂拥而上，李世民的坐骑被流箭射死。丘行恭见势立即调转马头，箭无虚发，使追兵不敢向前，并将坐骑让给李世民，自己则挥舞大刀，怒吼着杀出一条生路，李世民得以回归唐营。王世充知道这次战斗对自己关系重大，所以殊死搏斗。战役从早上一直打到中午，在唐军的强大攻势下，王世充部死伤惨重，无力继续抵抗，被迫撤入洛阳城中，不敢复出。李世民则率军追击到洛阳城下，歼灭敌军7000余人。

由于洛阳城的防守十分严密，唐军连续进攻10余日，仍然不能克城，军中将士都疲惫思归，军心开始动摇。李世民安抚众兵将说："我们举兵而来，应当一劳永逸。洛阳以东的各州已经望风归附，只剩洛阳一座孤城。王世充内无粮草，外有重围，不能长期坚守。功在垂成，我们怎么能轻言放弃呢？"而且下令："洛阳不破，决不回军，再有胆敢提出班师者，一律斩首。"

高祖李渊听说此事，又鉴于李世民出兵日久，便下密敕让李世民班师。李世民立即派封德彝回京汇报情况，封德彝对李渊说："王世充地盘虽大，但其内部矛盾重重，他能号令的，只有洛阳一座孤城。如今洛阳被围，王世充黔驴技穷，破洛阳城近在旦夕。如果这时班师回朝，王世充必然会卷土重来，以后就难以图取了。不如趁其衰微，一举歼灭。"闻听此言，李渊取消了撤军令。

正当唐军久攻洛阳不下，两军对峙之际，突然杀出了另一支军队，河北窦建德西救洛阳的30万大军来到了。

窦建德本是清河漳南（今山东武城东北）的农民，在隋朝曾担任过里长。他有勇有谋，讲究信用，在当地很有威望。因为帮助孙安祖起义，窦建德的家属全部被官兵杀害，他于是率部起义，投奔高鸡泊起义首领高士达，在军中担任军司马。高士达牺牲后，他被举为领袖，自称将军，拥兵十余万。大业十三年（617）又在乐寿（今河北献县）称长乐王，先后攻占了信都、清河等郡。在河间战斗中，歼灭隋将薛世雄部下3万余人，从此声势大振，控制河北地区。据说当时有人得玄圭献给窦建德，他的部属说："这是上天赐给大禹的，请将国号改为夏。"窦建德以为是自己的祥瑞之兆，就自称夏王，建都乐寿。619年，迁都洺州（今河北永年东南），建立农民政权。

王世充自立为帝后，与窦建德之间就断绝了来往。后王世充侵占了窦建德的黎阳，窦建德便攻破殷州予以报复，从此，郑、夏两国关系恶化。唐军威逼洛阳的时候，王世充曾派遣使节向窦建德求救，窦不加理睬，坐山观虎斗。武德三年（620）十一月，唐胜郑衰几乎成了定局，窦的中书舍人刘彬对窦建德说："现在唐拥有关内，郑拥有河南，夏占据河北，呈三足鼎立之势。如今唐全力攻郑，唐朝的军队逐渐增多，郑国的地域逐渐缩小，唐强郑弱，看势头唐必能破郑，而一旦郑国灭亡，唇亡齿寒，我们夏国就危险了。为大王打算，万全之策是前去救郑。郑在内拒唐，夏在外围攻，如果郑可以保全，就可用保三足鼎立之势；如果我们能因势灭郑，再长驱直入西安，就可以建立永久太平的大业。"分析丝丝入扣，有理有据。窦建德闻之大悦，称之为良策。于是，率军渡河，在武德四年（621）二月攻克了周桥（今山东菏泽附近），很快就抵达成皋（今河南汜水）东原，准备救援洛阳。这样，窦建德的军队突然出现在唐军后方，与郑军形成两面夹击之势，唐军处境十分危险。当时，窦建德派人致书李世民，要求唐军退至潼关，返还侵占的郑国失地。

　　唐军腹背受敌，处境危急。李世民召集部下商议，萧王禹、屈突通、封德彝等认为："我军久攻洛阳城不下，如今士兵已经疲惫不堪、士气低落，王世充坚守的洛阳城，不易很快攻克。而窦建德的士气锐不可当，我军腹背受敌，不如先行撤退，以等待时机。"而李世民却分析说："王世充损兵折将，粮草殆尽，而且内部矛盾重重，众叛亲离，时日一久，不攻自破，我们可以坐等其败亡。窦建德最近刚刚打了胜仗，士卒疲惫，而且容易骄纵轻敌。趁此机会，我们应该占据军事重地武牢，扼守要害。如果窦建德冒险与我争锋，我们就一鼓作气打败他；如果他犹豫不决，与我相持，要不了十天半月，王世充就粮草殆尽无法支撑，自然溃败。到那时，我们先攻入洛阳城，增强兵力，可以一举打败两个敌人。所以胜负就在这一仗了。如果不迅速进军，等窦建德进入武牢，已投降的王世充部下就有可能反戈，我们将处于不利的境地！"此外，李世民还采纳了薛收的意见，将军队分为两组，一部分由屈突通等人辅助齐王李元吉围困东都洛阳；另一部分，由李世民亲自率领向东奔赴武牢。

武德四年（621）三月，李世民进入武牢，窦建德受阻不能西进，两军成对峙之势。其间，窦建德与唐军几次交锋，都未能取胜，军心涣散，人心思归。唐军接连获胜，气势大振。窦建德的部下凌敬建议他出动全部兵力渡过黄河，攻取怀州、河阳，再越过太行山，乘虚进入上党，奔赴蒲津，占领河东之地。这样，既可入无人之境，保全实力；又可拓展疆土，征募更多士兵；还能威胁关中，逼唐军后撤，从而自然解除洛阳之围。窦建德认为言之有理，准备按此行事。但王世充不断地派人告急，窦建德手下的将领又暗中收受王世充的贿赂，极力请求先解洛阳之围，还诋毁凌敬，说："凌敬是个书生，根本不懂打仗的事，他的话怎么能听呢？"窦建德随即又改变主意，就对凌敬说："现在大家士气很高，这是上天在帮助我，趁此机会决战，必定能大胜，不能照您的意见办了。"凌敬再三争辩，无奈窦建德就是不听，还命人把他赶了出去。

于是，窦建德率军进逼武牢，夏唐之间的决战开始了。窦建德陈兵于汜水20余里，鼓声震天，不可一世。面对强敌压境，唐军将士皆露惧色。李世民登上高台瞭望敌阵，安慰诸位将领说："敌人从山东起兵，远道而来，还没有碰见过强大的对手，如今身处险境却如此嚣张，竟敢逼近城池排列战阵，有轻视我们的意思。我们先按兵不动，等待敌军的气势慢慢衰竭，列阵时间一长，土卒饥饿，势必自动撤退，那时，我军乘势追击，必然取胜。"李世民还跟手下打赌，说正午之前决不出兵，午后立即出击，定能打败敌军。军情果然如李世民所料，窦建德轻视唐军，派出300骑兵渡过汜水，在离唐营1里的地方停下，传话给李世民，要他请挑选几百名骑兵与之对打。李世民立即派王君廓带领200名长枪手应战，唐军一会儿进攻，一会儿撤退，故意拖延时间。接着，又有窦建德部将王琬佩戴着崭新的铠甲和兵器，骑着隋炀帝的青骢马，来阵前炫耀。尉迟敬德见状请求夺马，李世民立即制止，说："怎么能为了一匹马损失一员猛士呢？"敬德不听，旋即和高甑生、梁建方骑马直入敌阵，不一会儿，活捉王琬，带着青骢马奔回唐营。

从早晨到中午，窦建德的军队长时间列阵，始终不见唐军出战，官兵极度疲惫，饥渴难忍。有的放下武器，席地而坐，有的争抢饮水，有的准备退却。李世民见夏军队阵已乱，时机成熟，立即命令唐军全线出击。宇文士及奉命带300骑兵由窦建德军阵西侧往南奔驰，诱敌出击。李世民亲率轻骑率先猛冲，大军跟随其后，东涉汜水，直逼敌阵。当唐军兵临帐下时，窦建德正要召集大臣议事，浑然不知身处险境，还在军中行朝谒之礼呢！唐军骑兵突然出现，朝臣不知所措，慌乱之中，来不及抵抗。李世民的部将史大奈、程咬金、秦叔宝等指挥将士奋力拼杀，唐军所向披靡，夏军军阵全线崩溃，乱作一团，争相逃命。唐军追击30多里，歼敌3000人。窦建德身中数枪，逃到牛口渚，被唐军俘获。这就是著名的武牢之战。

击败窦建德后，秦王李世民率得胜之师，押解着窦建德及王世充的部将郭士衡等人来到洛阳城下。王世充无计可施，召集诸将商议突围，准备南奔襄阳。而众将领都说："我们依赖的是夏王窦建德，如今夏王已被俘，我们就是突围，最终也无法成功。"走投无路的王世充最后只得身穿素衣，带领太子、官员等2000余人到唐营投降。李世民率大军浩浩荡荡开进洛阳城，一路秋毫无犯，严令守护街市，维持社会治安。后来，窦建德被押赴长安问斩，王世充则被仇家杀害。

李世民攻打洛阳，还留下了一个故事，即流传甚广的"少林十三棍僧救秦王"的传说。当时少林寺地处王世充的势力范围，王世充把柏谷屯改为辗州，令他的侄子王仁则驻守。柏谷屯在少林寺西北约25公里处，是隋朝开皇年间隋文帝杨坚赐给少林寺的。王仁则占据了柏谷屯，少林寺僧众斋粮的来源就断绝了，生活难以维系。

武德四年（621）三月，唐军大举包围洛阳，在轩辕关下，李世民和王世充的部队展开了激战。轩辕关位于太室山和少室山的阙口，是洛阳通往东南许昌、南阳方向的咽喉要道。王仁则所守的辗州城，即柏谷屯，地形险要，是扼守十八盘的战略要地，易守难攻。李世民夺下十八盘后，又攻打辗州城，但久攻不下。

少林寺寺主志操眼光远大，他审时度势，认为李渊深得民心，将一统天下，而王世充、王仁则之流残暴如虎狼，不能成大事。他便与众僧商议，要协助秦王李世民夺取辗州城。众僧早就不满意王仁则欺压百姓的恶行，结果一拍即合。经过谋划，部分少林僧人潜入城内，买通了守城的军官赵孝宰；另一部分则埋伏在城外，待机而动。最后，少林僧人里应外合，杀入辗州城。武艺高强的昙宗等人擒住了王仁则，赵孝宰等人打开城门，唐军与少林僧人一拥而入，夺取了辗州城。

3天后，秦王李世民派上柱国李安远亲至少林寺慰问，并接见了立功的十三位僧人，他们是：上座善护、寺主志操、都维那惠场、大将军僧昙宗、普惠、明嵩、灵宪、普胜、智守、道广、智兴、僧满、僧丰。李安远还宣读了李世民的亲笔信。李世民手书原件，后来由唐玄宗交一行禅师转送少林寺，不久，即刻于石碑之上，立于少林寺内。至今，嵩山少林寺中还保存着有关的碑文石刻。

　　一年间，唐军取得了全歼王世充和窦建德两大政治集团的重大胜利，占有了富庶的中原地区，极大地增强了唐王朝的政治经济实力，为统一全国战争的胜利奠定了坚实的基础。胜利的取得，首先应归功于李世民的正确部署和果断决策。在围攻洛阳的相持阶段，在将士疲惫的关键时刻，在腹背受敌的紧要关头，他沉着冷静，顽强果敢，作出了继续围城、围城打援等一系列英明决策，取得了一举两得的战果。围城的艰辛，作战的辛劳，夹击的险境，一次次严峻的考验，他经受住了，他胜利了！就军事能力来说，没有人是他的对手。

　　隋朝的东都终于落入大唐手中，李世民胜利凯旋，回到长安。他身穿黄金胄甲，威风凛凛，走在队伍的最前面，李元吉、李世勣等大将紧随其后，骑兵、甲士数万人浩浩荡荡，大批缴获的物资列于太庙之上。李渊认为秦王原来的封号不足以显示其特殊的功劳，就为他加号天策上将、陕东道大行台，位列王公之上。这一年，李世民25岁。

　　出人意料的是，窦建德的军队被镇压不久，在他原来控制的地区，刘黑闼再次起兵反唐，河北地区又燃起战火。

　　刘黑闼，河北清河漳南（今山东武城东北）人，与窦建德为同乡，且关系密切。隋朝末年，刘黑闼参加瓦岗军，瓦岗军失败后，被王世充俘虏，不久率部逃到河北，投奔窦建德。刘黑闼骁勇善战，足智多谋，极受窦建德器重，被封为东汉公。窦建德失败以后，他回到漳南，隐居故里，静观时局。

武德四年（621）七月，窦建德在长安被杀。唐政府派往河北的官吏为了追索财物，对窦建德旧部采取了过激的行为，还强征窦建德旧将范愿、董康买、曹湛、高雅贤等赴长安。范愿等人既愤建德被杀，也鉴于王世充降后，部将不能保全，十分惧怕，私下商量道："王世充投降唐王后，他的将相段达、单雄信等人都被满门抄斩，如果我们到长安，肯定也无法逃脱被害的命运。自大业十年以来，我们这些起义的人身经百战，早就将生死置之度外了，现在为什么还吝惜余生，而不用有生之年干一番大事业呢？况且夏王抓住唐淮安王李神通，以客人的礼节相待，而唐王抓住夏王却马上将他杀了。我们这些人都是夏王的亲信，如果苟延残喘，不替他报仇，有何面目见世人？"这样，他们决定相率起兵，以图东山再起。经过占卜求卦，他们认定刘黑闼能够担当此重任，就到漳南与他共商大计。此举正合刘黑闼之意，他们设坛祭祀窦建德，宣布举兵起事。刘黑闼首先攻克漳南（今故城东北）等地，自称大将军。已经归附唐朝的兖州总管徐圆朗也举兵响应。唐任命淮安王李神通、将军秦武通等率兵讨伐。九月，刘黑闼于饶阳（今属河北）南击败李神通、幽州总管李（罗）艺及邢（治今邢台）、洺等七州兵5万余人的进攻，兵势大振。至十二月，又接连攻下数州，窦建德旧部争杀各地官吏响应，兵力迅速升至数万人。接着，大破黎州总管李勣所部，夺占洺州，攻克相州（今河南安阳），往南夺取黎、卫二州（治今浚县东北、淇县东）。将士勇猛善战，势如破竹，仅半年时间，全部收复了窦建德的故地。刘黑闼又派遣使者北上联络突厥，颉利可汗派骑兵援助，势力迅速壮大。

在刘黑闼攻占河北，窥视中原，威胁关中的危急时刻，李世民主动向李渊请兵征讨。武德四年（621）十二月，唐高祖李渊命李世民和李元吉共同带兵出发，征讨刘黑闼。这是唐王朝统一全国过程中，李世民领导的最后一场战役。武德五年（622）正月，刘黑闼自称汉东王，改元天造，定都洺州。李世民率军一举收复了相州，进驻列人（今肥乡东北），逼近刘黑闼的大本营。三月，李世民移营在洺水之南，南北布阵，与刘黑闼对峙。期间，刘黑闼多次阵前挑战，李世民坚壁不出，而且派奇兵切断刘黑闼的运粮道路。刘黑闼舟车尽毁，损失惨重。双方相持60多日，李世民估计刘黑闼存粮将尽，定来决战。于是，派人在洺水上游修筑堤坝，堵截水流，并对守堤将士说，待双方交战时，就决堤放水。果然，三月二十六日，刘黑闼率步骑两万，南渡洺水，紧逼唐军大营列阵，决定刘黑闼命运的"洺水之战"打响。李世民亲率精锐骑兵首先击破刘黑闼的骑兵，并乘胜冲入汉东军的阵地，横扫其步兵，刘黑闼率众殊死抵抗。战斗异常惨烈，李世民所骑的骏马"拳毛䯄"身中九箭（前胸6箭，背后3箭）。最终刘黑闼抵挡不住，向北逃窜。当军至洺水中央，唐军开堰放水，洺水河上游的滔天巨浪顿时轰然而下，精疲力竭的汉东军士卒睁着血红的双眼，见滔天巨浪如万马奔腾般扑面而来，几乎连恐惧和绝望都来不及体会，就在瞬间被咆哮的洪水吞没。战斗的结果是：汉东军被歼万余人，淹死数千人，几乎全军覆没，刘黑闼与范愿等人带着200多名骑兵逃奔东突厥。

洺水之役后，唐军肆意杀戮，得以逃脱的义军首领都被以死罪悬名缉捕，虽然颁有赦令，但被抓获者必遭杀戮，人心惶惶。六月，刘黑闼卷土重来，引突厥兵南攻。七月，到达定州（今河北定县），其旧将曹湛、董康买等纷纷响应。十月，大破唐河北道行军总管李道玄及其副将史万宝于下博（今深州东南），河北诸州又叛唐归附刘黑闼。仅仅用了四个月的时间，刘黑闼就重新收复了失地，再都洺州。李渊只好再派李元吉前去讨伐。李元吉率兵到达前线，出师不利，行军主管李道玄被刘黑闼杀害。

这时，太子李建成主动请缨，征讨刘黑闼。其实，力促太子请缨的是其僚属魏徵和王珪。因为李世民为建立唐朝和统一全国常年在外征战，出生入死，屡建奇功，威望日高。太子李建成感到地位受到威胁，既嫉妒又害怕。担任太子洗马的魏徵曾多次提醒李建成及早与之抗衡，以防止李世民图谋君位。魏徵极力劝说太子带兵出战，与李世民争功，他对太子说："秦王李世民功盖天下，中外贤能之辈大多归心于他；殿下只不过是因为年长所以位居东宫，没有丰功伟绩，难以让天下人折服啊！"十一月，李渊派皇太子李建成带兵亲征。

魏徵向李建成分析了河北问题久久不能平息的原因，他认为，由于唐军在此实行的所谓"悬民（悬赏通缉之人）处死"等政策断绝了官兵及其亲属的生路，致使当地人心大乱，实际是官逼民反。想要彻底解决叛乱，除非改变这种政策，安抚人心，安定社会。李建成接受了魏徵的建议，改用安抚政策，果然抚平了众人的激愤恐惧，刘黑闼的部队逐渐失去了斗志，终于溃散。刘黑闼也在武德六年（623）正月被唐军杀害。至此，全国各地的割据、起义几乎都被平息，可以说唐军的统一大业已经基本完成。

三、玄武兵变　登基称帝

提起贞观之治，人们往往会联想到政治清明、社会和谐、激情浪漫等等。其实，贞观之治的绚丽霞光，却是经历了玄武门的腥风血雨之后，才照彻人间的。

1. 兄弟相争

唐王朝的根基刚刚稳定，统治集团内部就围绕皇位继承权进行了激烈的斗争，并最终酿成了手足相残的玄武门之变。唐高祖李渊与原配窦氏育有四男一女：长子李建成，次子李世民，三子李玄霸，四子李元吉；一女，平阳昭公主，下嫁柴绍。李玄霸16岁就去世，没留下什么事迹，小说《说唐》中把他塑造成大英雄，是不符合史实的。在大唐建立之前，窦氏就已去世。李渊称帝后，没有册立皇后。窦氏为李渊正妻，她所生的儿子即为嫡子。李建成生于隋文帝开皇十年（590），比李世民年长8岁，李元吉生于隋文帝仁寿二年（602），比李世民小5岁。李渊称帝以后，按照"立嫡以长"的周公之礼，立李建成为太子，李世民为秦王，李元吉为齐王。三个嫡子的身份就这样确立下来了：李建成是储君，将来的皇帝；李世民虽然是首席功臣，但他和李元吉一样，是亲王。储君和亲王之间，注定是君臣关系，有一道不可逾越的界限。

在建立大唐和统一战争过程中，李氏兄弟尚能团结一致，共同抗敌。李建成和李世民兄弟二人合力打的第一仗是西河之役。首战大捷，李渊建大将军府，以李建成为陇西公、左领军大都督，以李世民为敦煌公、右领军大都督。此后的霍邑之战，西渡黄河，兵分两路，一路由李建成、刘文静等率领数万大军，屯在永丰仓，守卫潼关，防备东方之敌；另一路由李世民、刘弘基等率军数万，从渭水以北向西发展，攻入长安。此后，李建成和李世民之间的分歧慢慢产生。当时，李建成的对手，一是河东的隋军屈突通，一是正在中原一带混战的瓦岗军与王世充。屈突通当时自顾不暇，而瓦岗军和王世充也无意西进，所以尽管责任重大，但缺少对手的李建成却无法作为，失去了扩大势力、网罗人才、建功立业的好时机。所以，当他进入长安城时，实力并没有实质性的增强。与此同时，李世民率领部下由渭北向西并渡渭水南进，一路上招兵买马，还汇合了平阳公主、李神通等人的部队，到达阿城时，已经由两三万人达到13万之众，待到长安时则已拥有20余万众了。

只有势均力敌，才可能争执不下。李氏兄弟之争，李世民依靠的是他的赫赫战功，还有一批荣辱与共的铁杆部下；李建成依仗的是合法的太子地位，还有李渊的支持。

李世民从小就聪明睿智，加上生于贵族豪门，受到良好的家庭教育，又经受了惊心动魄的战争洗礼，亲历了治世和乱世的急剧变化，因此，他不仅有拯救天下、建功立业的远大抱负，而且确实功勋卓著。随着地位的提升，李世民抢夺皇权的野心也日益膨胀。到了武德四年（621），由于李世民的赫赫战功，李渊认为原有的官职已经配不上秦王的功劳了，为了表彰李世民的丰功伟绩，李渊为世民设置了一个新的职位，叫做"天策上将"，这个位置比王公还高一筹。同时还让他开天策府，置官署。甚至还特批李世民可以自己设炉制钱，这些都不是一般意义上的待遇了，李世民在朝廷中的特殊地位越来越明显。

李世民平日十分注意网罗人才，当时，他的天策上将府里有长史、司马、录事、记室、参军等军事参谋机构，另外有尉迟敬德、秦叔宝等武将功臣相助。除此之外，李世民还以锐意经籍、讨论文典的名义特设文学馆，招揽天下文士，组成了一个智囊团。文学馆位于宫城之西，地静景幽，无车马之喧；典籍充栋，有兰台之盛。唐高祖李渊武德四年（621），杜如晦、房玄龄、于志宁、苏世长、薛收（薛收去世由刘孝孙补入）、褚亮、姚思廉、陆德明、孔颖达、李玄道、李守素、虞世南、蔡允恭、颜相时、许敬宗、薛元敬、盖文达、苏勖等18人同日被授为文学馆学士，号称"十八学士"。"十八学士"是一群博览古今、明达政事、善于文辞的文人。入唐前，其中的大部分人就已经是名重四方、誉倾一时的知名人物了；入唐后，他们追随李世民，各尽其力，为国家统一、政治稳定和文化建设，做出了杰出的贡献，而贞观之治的成功确实离不开李世民的"十八学士"。李世民给他们优以尊礼，予以厚禄。每当处理完政务，常常召见他们，一起讨论文化典籍，商讨治国谋略。李世民还令大画家阎立本为诸名士画像，即著名的《秦府十八学士图》，图画表现了他们一起出游踏青的情景。肖像都是按18学士真人创作，画卷中对每个人的身材、相貌、服饰、年龄及神情等特征，都有生动而具体的刻画。李世民还让大文豪褚亮为每个人写赞语，悬于凌烟阁。当时，全国的读书人都羡慕这"十八学士",称他们"登瀛洲"。玄武门兵变后,李世民被立为太子,秦王府官属皆有封赠,十八学士也加官晋爵,这些人对李世民唯命是从,甚至到了只听秦王的教命,对皇上的诏敕反倒置之不理的地步。李渊就曾感慨说,"这个孩子在外面带兵打仗太久,十分专制,又被一些书生蒙蔽教唆,简直不像昔日的样子了。"大臣封德彝也说,"秦王自恃建立了大功勋,必定不肯服居于太子之下了。"

在唐初政治舞台上,"十八学士"是一个产生过重要影响的文人集团。后代帝王如武则天、唐玄宗也模仿唐太宗,重建"十八学士"集团。唐玄宗时,集贤院也有"十八学士",玄宗模仿太宗,命画工画《开元十八学士图》,并亲自撰写赞文。尤其值得注意的是,太宗"十八学士"开启了学士参政之先例。六朝时虽有各类学士名目,但那时的学士地位不高,仅从事文字工作。太宗"十八学士"开始介入政治;武则天时的"北门学士"参掌机密,分宰相之权;唐代中后期,翰林学士居宰相之次、列百官之上,有"内相"之称。据此可知,太宗"十八学士"对唐代政治之影响,的确是非常深远的。

唐代,日本国派出了大批人员来中国考察学习,这些人被称为遣唐使。他们将陶瓷烧制技术和中国绘画艺术带回了日本。此后至今,日本的许多高级茶具上便烧制了《秦府十八学士图》之类的唐代名画。通常情况下,这样内容宏大的画分别印在几个杯子上,需要拼在一起欣赏。

帝王家的次子,大唐的首席功臣,即使他甘心做一辈子的亲王,恐怕也做不成了。功高盖世、重兵在手的李世民,早已成为他的同胞兄弟太子李建成、齐王李元吉的眼中钉。李建成首先要做的，就要剪除李世民日渐丰满的羽翼。

　　李建成选择的第一个对象就是刘文静。刘文静是大唐的开国功臣，又是李世民的心腹。李渊晋阳举兵之时，刘文静正任晋阳令，当时还有一位功臣裴寂，做晋阳宫监，两人都在晋阳举兵时发挥了巨大作用。尤其是刘文静，曾经出使突厥，功劳很大。到长安后论功行赏，两人获得的赏赐比其他人都多，而且都被授予"恕二死"（可饶死罪两次）的特权。但李渊对二人的赏赐差别较大，就连裴寂打了败仗，皇上也只是轻描淡写，不予追究。但对刘文静则不同，建国后，刘文静被授予门下省纳言的职务，虽然位列三省宰相之一，但品级比裴寂低，实权也比裴寂小。后来刘文静又被派到李世民旗下，任西讨元帅府司马，在他与薛仁杲之战失利后，被削去官职，直到和李世民平定薛举势力后，才恢复爵位，但已不在政治核心，难与裴寂相提并论。刘文静愤愤不平，与裴寂勾心斗角，矛盾越积越深。

　　不久，一桩惊动皇上的大案将刘文静置于死地。刘文静将自己的不得志归咎于家宅不宁，就请了位法师到家中作法驱邪，所驱的邪佞就是裴寂。不料，事情被身边一个失宠的小妾告发。按照唐代的法律，以杀人为目的的法事邪术，要判死罪。李渊对刘文静果然不留情面，马上派人把他拘捕起来，而且特意派裴寂审理案子。刘文静是李世民的至交，李世民同情他的处境，自然要为他说话。而正因为这一点，李建成坚决支持裴寂把刘文静除掉。在公堂上，刘文静提出自己这样做的原因是皇上赏罚不公，李世民也在一旁为他说情。判官裴寂却指定刘文静就是要造反，结果刘文静以谋反罪被处死。而李渊赐给刘文静"恕二死"的特权，却没有起作用。这不仅意味着刘文静已经完全失去了皇帝的宠信，更表明李世民竟未能保全自己的铁杆谋臣。李世民深知，处死刘文静，实际上是敲山震虎，刘文静"谋反"只是一条导火索，宫廷斗争的最终目标是指向自己的。而且，刘文静和裴寂之间的对比，也多少显示了李世民和李建成之间影响力的差异——储君与亲王的差异。

在争夺皇位的斗争中，齐王李元吉站在了太子一边。两人结盟，各有打算，李建成要除掉威胁自己皇位的强敌，需要李元吉这位亲王的帮助；而李元吉则有他的非分之想，原来他也在暗中觊觎皇位，他把李世民视为夺取皇位的最大敌人。在他看来，如果追随李世民，以李世民的精明强干，他只能为李世民所驾驭，永无翻身之日；而一旦借李建成之力除掉这一眼中钉，再对付李建成就容易多了。为了尽快达到这个不可告人的目的，他甚至向李建成表示自己愿意亲自出马杀掉李世民。一次，李世民和李渊一块儿去他的王府，他竟然派了刺客准备暗杀。但被李建成及时制止。李建成这样做，一方面是认为李元吉的做法太鲁莽，很可能事与愿违。另一方面，相比之下，李建成性格柔厚，也不喜欢用这种方式将李世民置于死地。经过密谋，李建成和李元吉联合起来，制订了对付李世民的三条计策：第一，暗中招募兵甲，扩充军事实力；第二，重金收买李世民的部将，瓦解秦王集团；第三，诋毁李世民，挑拨皇帝与秦王的关系。

李建成为了削弱李世民的势力，私自招募各地骁勇善战的士兵2000余人补为东宫卫士，守护东宫，分别屯守在东宫左右的长林门，号称"长林兵"。同时，又密派手下将领可达志去幽州，从总管罗艺处征集骑兵300，加强东宫防卫。不料被人告发，李建成受到李渊责备，可达志被流放边地。不久，李建成又派人联络曾护卫东宫的庆州刺史杨文干，让他招募壮士，输送长安，诛除李世民。

武德七年（624），李渊赴仁智宫避暑，秦王李世民和齐王李元吉随行，李建成留守长安。李建成认为时机成熟，对李元吉说："生死安危，今年即可见分晓。"于是秘派郎将尔朱焕、桥松山向庆州运送武器，并约定从长安和庆州同时向仁智宫发动进攻，李元吉在内部配合，一举诛灭秦王。但尔朱焕、桥松山虽长期受太子恩惠，但胆小怕事，临阵脱逃，便向李渊告密，以求免罪。李渊闻听大怒，急召李建成。李建成犹豫不决，进退两难。幕僚赵弘智献策说："想成就大事，就要能屈能伸，进退有节。如果现在起兵，势单力薄，难以取胜，前功尽弃。不如向皇上请罪，请求宽恕，以图东山再起。"李建成权衡再三，最终赴仁智宫请罪。李渊怒不可遏，下令关押李建成。而杨文干觉得自己已犯十恶不赦之罪，索性举兵反叛，攻陷宁州。李渊就派李世民前去平叛。李世民临行前，父子商讨对策。李世民说，杨文干这种小人物，随便派什么人就可以把他平息了。但李渊却坚持认为，这件事万一和太子有关联，还是李世民去比较好。并且承诺，等李世民回来后就把太子之位让给他，把李建成废掉发配到边远的蜀地，因为那里地域狭小，好治理，以后即使又图谋不轨，也好对付。李世民带着即将成为储君的喜悦奔赴战场，但后来李世民获胜归来后，李渊却并没有履行诺言。原因是在他带兵出征期间，李元吉和嫔妃不断为太子李建成说情，再加上大臣封得彝等人的劝告，皇上最后改变了主意，将李建成放归长安，继续镇守京师，只是以兄弟不睦谴责他。

不久，突厥军又侵并州，京师震动。这时，已经从仁智宫返回的李渊，召集群臣商议对策。由于突厥势力强大，为了躲避突厥骚扰，当时有人建议迁都。李渊、李建成支持迁都，李世民坚决反对。李建成怕的是李世民乘迁都之机，独揽兵权，无法制约；而李世民则积极要求领导对突厥的战争，希望通过对外作战的胜利，进一步增强威望，培养羽翼。他的分析理正词严，无可辩驳，使李渊放弃了迁都计划。同时，李渊委派李世民和李元吉共同带军出征抵御突厥不久，突厥的入侵被击退。

秋日的长安，景色宜人。李渊带皇子到城南围猎，并命三个儿子比试骑术。太子牵出一匹肥壮性烈、极难驾驭的胡马，想以此加害秦王。李世民跨马逐鹿，胡马后腿奔蹶，凭着高超的骑术，李世民连续三次从狂奔的马上跃下，竟毫发无损。他似有所悟，对旁观的宰相宇文士及说："他们想用烈马害我，死生有命，不是他随便就可得逞的。"李建成则利用此话大做文章，通过李渊的宠妃诬陷李世民说："秦王声称自有天命，企图夺位登基。"李渊闻听，勃然大怒，当着太子和齐王，对李世民大加责备："天子自有天命，不是耍点小聪明就能得到的。我的身体很健康，你也太着急了吧！"可见，兄弟夺储之争，已进入白热化阶段。一天夜晚，太子邀李世民入宫宴饮，在酒中下毒。李世民早有戒心，只饮一杯，即告辞回府，腹中暴痛，吐血数升，差点丢了性命。

秦府幕僚听到李建成、李元吉谋杀李世民的消息后，惊恐万状，议论纷纷。房玄龄对长孙无忌说："如今太子与亲王的矛盾已经形成，大乱即将发生。一旦发生变乱，恐怕就会祸及王府，危及国家，怎不让人深思呢。古人说'以国为重者不拘小节'，不如废掉太子，尊奉秦王。难道我们要坐等国家灭亡、身败名裂吗？"长孙无忌说："其实我早有此意，只是未敢暴露。如今听您一番话，深有同感。"说明两个人不约而同地做出了以武力反击东宫和齐王府的决定。长孙无忌和房玄龄面见李世民，李世民说："危险的征兆应经出现，该如何对付呢？"房玄龄说："国家患难，处置办法古今相同，不果断就不能成大事。您功盖天地，神人都敬仰，应该当机立断。"劝李世民抓紧时机，以除心腹之患。

为了分化瓦解秦王府集团，李建成和李元吉软硬兼施，对李世民的部下进行威逼利诱，矛头直指尉迟敬德、段志玄和程知节等人。尉迟敬德是李世民手下的一员虎将，以勇武闻名天下。李建成暗中致信对他说："久仰将军风范，愿与结为生死之交，请您不要拒绝。"并派人送去大量金银珠宝。尉迟敬德不为所动，毫不犹豫、不卑不亢的回绝说："我出身低微，承蒙秦王厚爱，才有今天，理应以身报恩。我没有为您立过一点功劳，不敢受此厚礼。如果私下与您来往，岂不是见利忘义，事主二心？而这样的人对您又有什么用处呢？"李世民听说后，叮嘱他注意安全。果然，见贿赂引诱不成，李元吉便派出刺客行凶。尉迟敬德闻讯，竟然大敞宅门，卧床不动。刺客慑于其气势，始终未敢入门行刺。一计不成，李元吉又向李渊诬告尉迟敬德谋反，李渊当即把尉迟敬德投入狱中，并打算处死他。李世民以死相求，李渊才把他释放。李建成又以高官厚禄拉拢秦王府的护军段志玄，遭到段志玄的断然拒绝。程知节骁勇善战，是秦王府的统军。李建成故意调他出任康州刺史，而且要他立即出京赴任。程知节对李世民说："大王的腿脚胳膊被剪掉，身体哪还能长久！我誓死不离开大王，请您赶快想个万全之策。"

杜如晦和房玄龄学识渊博、聪颖过人，是李世民智囊团的重要成员，最招李建成和李元吉嫉恨。李建成对李元吉说："亲王府中最可怕的人就是杜如晦和房玄龄。"不久，李建成和李元吉以杜如晦和房玄龄结党营私，通过李渊把他两人赶出了秦王府。

想起程知节振聋发聩的一番话，目睹李建成和李元吉的一系列举动，李世民感到了形势的严峻。于是，李世民也紧锣密鼓地行动起来。

朝廷之外，他派心腹张亮到洛阳招兵买马，出重资让他联络当地豪杰，一旦有变，便可遥相呼应。此事被李元吉发现告发，张亮被捕入狱。严刑拷打之下，张亮却咬紧牙关，守口如瓶，始终没有供出幕后主使者，可见李世民部下对他的忠心。后来，张亮官至刑部尚书，也是李世民对其忠诚的报答。

朝廷之内，一方面争取大臣的支持，一方面收买太子的部下。朝中，坚决支持李世民的大臣是萧瑀、陈叔达等人。萧瑀是隋炀帝的妻弟（萧妃之弟），投降唐王之后，被封为礼部尚书、宋国公，也深得唐高祖李渊的信任。李渊对李世民心存疑忌，多次想制裁他。萧瑀不顾个人得失，坚决支持李世民。李世民即位后，敬佩萧瑀的忠诚与胆识，对房玄龄说："武德六年以后，我功高不赏，为兄弟所不容，萧瑀不为利诱，不为势屈，在关键的时刻支持我，真是国家的忠臣啊！"还大发感慨地说："风大的时候才知道草的根有多么结实，政局动荡的时候才知道臣子对主上的真诚。"并把诗句"疾风知劲草，板荡识诚臣"（非李世民所作）赐给他。李世民还得到了礼部尚书陈叔达的支持。每当李建成和李元吉诋毁李世民，李渊被迷惑时，陈叔达总是仗义执言，替李世民辩解。

另外，东宫的太子率更丞王晊、守卫玄武门的常何、敬君弘等都被李世民收买，为他通风报信，在夺权的过程中起了重要的作用。尤其值得一提的是常何，他是政变当天职守玄武门的将领，是一个关键的人物。就是他，把李世民的队伍放进了玄武门。原因何在？李世民授意写的国史是不会透露任何细节的。后来，在敦煌的石窟中发现了《常何墓碑》的写本残卷，真相才得以透露。常何本为瓦岗军将领，归唐后，曾先后跟随李世民和李建成作战，两人都待他不错。后李世民把他调入京城，送给他金刀子等贵重物品。常何的官职为左右监门卫将军，职守宫城北门玄武门，负责稽查出入宫门的人。在李建成和李世民之间，为什么常何选择了李世民呢？作为当年的瓦岗豪杰，常何更看好李世民。因为在军人的眼中，李世民和李建成大战，赢家一定是李世民。可以说，是李世民的个人魅力起了重要作用。当然，从中也可以看出李世民的深谋远虑，早在政变前2年，他就在李渊和李建成的眼皮底下安插了棋子。

兄弟相争，李渊的态度极为重要。李渊深知李世民的军事与政治才能都能担当治国家大任，但他对当年隋文帝由于更换太子，导致杨勇、杨广、杨俊、杨谅等诸王失和，最终酿成的大祸也记忆犹新。自己面对同样的局面，自然倍加小心，立建成为太子，就是想避免那样的惨剧重演。于是，他努力在两位皇子之间维持平衡。早在夺取政权时期，他就让兄弟俩共同领兵，世民作为弟弟要听哥哥建成的。后来兄弟俩各自统兵之后，从将士到职衔都不偏不倚。而待到建立了大唐政权后，长子建成作为太子，名正言顺，次子世民封秦王，为尚书令，掌典领百官，处群臣之首，也在情理之中。后来为了对付起兵的刘黑闼，李渊命令李世民与李元吉前往讨伐，而当战事稍一平息，李渊就命令李世民回朝，让三子李元吉独自带兵继续作战。如此迫不及待地将统兵之将与其所带之兵分开，也暗示了李渊心中的担忧。而当后来李元吉对抗刘黑闼失力时，李建成主动请缨，李渊则当即照准，并让李元吉随同出征。他看到李世民的军功越来越大，在朝中的威望越来越高，就很少派李世民率军出征，以减少他建立功勋的机会。由于担心兄弟之间发生不测，哪怕只是去仁智宫避暑，也要带走两个，留下一个。但是李渊的努力并没有起到多大作用，一方面立李建成为太子，一方面又赋予李世民过大的权力，平衡的结果是：第一，导致政出多门，政府部门常常会接到来自皇帝、太子、秦王的不同指令；第二，削弱了至高无上的皇权；第三，加剧了李氏兄弟间的矛盾冲突。

2. 玄武门喋血

就在双方剑拔弩张之际，武德九年（626）六月二日，突然传来紧急军情，突厥大举入侵，已经逼近武威郡（治今甘肃武威）。按照惯例，遇强敌压境，会派秦王李世民统兵御敌，但太子极力建议由齐王李元吉和燕王李艺出征。太子的目的很明确，是为了防止军权落入李世民之手。高祖李渊便以李元吉为元帅，率大兵北征突厥。李元吉等抓住机会，请求派李世民手下将领尉迟敬德、秦叔宝等一同出征，并要秦府的精兵调归齐王，企图架空李世民。对于李世民来说，这无异于釜底抽薪。李建成和李元吉在李元吉出征前，加紧密谋谋害李世民的具体方案。李建成说："既然已将亲王府的精兵调归与你，我们的军力就超过了秦王府。明天我约秦王在昆明池畔为你饯行，在宴会上设下伏兵，趁机将秦王杀死，然后让父皇让位于我。我做了皇帝，就立你为皇太弟。"李元吉忧心忡忡地说："刺杀秦王不难，但是，他手下的尉迟敬德等人，个个骁勇无比，他们不服的话，怎么办呢？"李建成说："尉迟敬德已经归你统帅，你以主帅的身份将他杀掉，其余的人，谁还敢不服！"这番话，被东宫的属官王晊听到。王晊早已被李世民收买，急忙报告了李世民。

入夜，李世民立即召集心腹密商对策。秦王府外戒备森严，府内鸦雀无声。长孙无忌和两位身着道士服的人悄悄来到秦王府，扮作道士的原来就是房玄龄和杜如晦。接着，尉迟敬德、高士廉、侯君集等人很快赶到。李世民首先通报了王晊的情报，长孙无忌一听，激动地说："先发制人，后发则为人所治。大王应当机立断，除掉太子和齐王。李世民说："我与太子，同根而生，骨肉相残，是亡国的征兆啊。我虽被猜忌，祸在眼前，但念兄弟之情，终不忍下手。不如先等他们动手，我们再名正言顺地讨伐。尉迟敬德抢先说："我等冒死前来，就是要保卫大王，大王却只顾个人的仁爱小情，不顾江山社稷，真让我们失望。大王理应大义灭亲，为国解忧。请先杀太子，除掉这个祸害。"见李世民还是犹豫，尉迟敬德非常激动，接着说："大王处事心存疑虑，并不明智；事到临头犹豫不决，并不勇果。您即使不关心自己的利害，总要考虑国家前途啊。您手中的 800 勇士正整装待发，时不我待。如果您听不进我们的意见，我等宁愿上山为寇，也不能坐以待毙。"长孙无忌故意附和说："如果敬德上山为王，我等也只好随他而去。"此时，李世民仍然沉默不语。房玄龄就引经据典开导李世民，他说："以前，周公曾大义灭亲，杀死了祸国殃民的兄弟管书和蔡叔，但人们并不认为周公不义，相反，却称之为圣人，这就是以国为重的缘故。大王如果能断然举事，那可真是功在国家，福在百姓啊！"这时，杜如晦突然提出一个问题，他说："大王如何评价舜呢？"李世民说："为子孝顺，为君圣明，是一位无可争议的人物。"杜如晦进一步苦口婆心地说："那如果舜淘井时被弟弟用石块打死，修粮仓时被弟弟用火烧死，又怎么能够君临天下、恩施万民呢？坐以待毙，只能贻笑千古，一个有大作为的人，就应不念私情，不拘小节。"侯君集则发誓："只要大王一声令下，我等舍生忘死，誓随大王。"这时，李世民的目光转向一言未发的高士廉。高士廉是李世民妻子长孙氏的舅舅，德高望重，他当即表明了自己的态度："当断不断，反受其乱。事已至此，只好起事。"在这种情况下，李世民终于痛下决心，要与太子决一雌雄。

六月三日，一份神秘的天象报告传入宫中。继六月一日"太白经天"以后，六月三日，太白金星再次划过长空。所谓"太白经天"，就是日照中天之时，太白星（金星）还在经天而行。按照汉魏以来的观念，出现这种天象，意味着天下将有兵戈之争，人间将要更换君王。负责观天象的太史令傅奕向李渊呈送密奏，称太白金星出现于秦国的天界上，秦王李世民将君临天下。

于是，李渊马上召见李世民。李世民看过密奏后，马上自我辩白说："作为建成和元吉的兄弟，我没有丝毫对不住他们的地方，但他们却总想将我杀掉。我立下那么多战功，而他们却这样对我，简直像是要为曾经被我打败的敌人王世充、窦建德等报仇。我今天如果含冤而死，不仅因为永远离开了父皇而悲痛，还会因为在九泉之下这样见到那些被我诛杀的贼人而羞耻。"听了这番诉说，李渊也感到十分无奈。同时，李世民还趁机告状，说李建成与李元吉"淫乱"后宫，以挑拨李渊与李建成和李元吉的关系。李渊听后十分吃惊，突然想起平日里说李建成好话的，确实就那几个妃子，顿生疑虑。李渊当即决定，第二天把三兄弟叫进宫中一起对质。对于李世民来讲，这可是一个绝佳的机会。当时是否有此天象，傅奕又为何奏告"秦王当有天下"，至今仍然是个谜。

很快，李建成就通过李渊的宠妃张婕妤得到这一消息，马上把李元吉召到东宫。李元吉建议应该赶快集合兵马，拥兵府中，托病不上朝，静观事态变化。李建成认为，东宫的兵事已安排妥当，自己在玄武门的兵备十分严整，亲信常何随时听他调遣，根本不会发生什么意外。于是，就要李元吉一起入宫，戳穿李世民的谎言。因此，兄弟两人对于第二天的早朝，未做任何防备。由于商议时间太长，当晚，李建成就住在了东宫。

六月四日黎明，静静的玄武门内，杀机四伏。李世民率长孙无忌、尉迟敬德、房玄龄、杜如晦、宇文士及、高士廉、程知节、秦叔宝、段志玄等秦王府的骁将谋士，早已在此悄悄设伏，等待李建成和李元吉自投罗网。早朝时分，李建成、李元吉骑马驰向玄武门，远远看到守门的是曾跟随李建成血战河北的老部下常何，也就未加戒备。当二人进入门内，到达宫中的临湖殿时，李建成突然察觉形势异常，急忙调转马头，准备逃回东宫。李世民当即现身，飞骑追来。李元吉反应迅速，搭弓便射，但惊慌过度，连拉三次，都没射中。李世民却勒停坐骑，稳稳当当对准狂逃的太子射出一箭，太子应弦倒下，不甘而又无奈地闭上了双眼。这时，伏兵瞬间杀出，尉迟敬德率70余骑如排山倒海般扑来。太子、齐王的卫兵匆忙招架，被杀得纷纷落马。齐王慌忙逃窜，被尉迟敬德射于马下。李世民的坐骑受伤，失控冲入林中。不巧，李世民的腰带被树枝钩住，他随即落马，摔伤脚踝，无法站立。齐王垂死无惧，奔到树下，夺过秦王弓，用弓弦死死勒住李世民的脖颈，凶光四射。将被勒死的千钧一发之际，不知秦王是否感叹命运。这时，尉迟敬德策马而至，一箭疾飞，齐王倒地毙命。

东宫和齐王府的将士闻听事变，立即冲向玄武门，想要救出太子和齐王。玄武门守将敬君弘、吕世衡挺身而出，奋力拼杀，但寡不敌众，同时被杀。秦王府的张公瑾力大无比，竟独自关上城门，把2000多士兵挡在门外。

唐代实行的是全军皆农的府兵制，平时军队一边军事训练，一边在自己的屯种之地从事农业生产。而一旦遇到战事，则由朝廷调派；战事结束，兵仍然归于府，将则归于卫，谁也没有权力调动。这就使得不管是李世民，还是李元吉，甚至就是贵为太子的李建成都无法直接统帅军队。这样一来，所谓各自的军事实力，就是各家王府的宿卫人员罢了。而东宫和齐府两相结合，兵士多达数千人，秦府则只有800余人，双方力量悬殊。东宫的士兵开始攻城，有的甚至已经登上城楼。危急时刻，尉迟敬德想出妙计，将李建成和李元吉的人头示众，两府军队见首脑已死，顿时溃散。

这时，李渊正在宫中与宰相裴寂、萧瑀、陈叔达等泛舟湖面，听到外面的动静，正要派人打探。受李世民委派，尉迟敬德直奔李渊而来。见到身穿铠甲、手持长矛的尉迟敬德，李渊大惊失色。因为这样的装束出现在殿堂之上，是可以按叛逆罪斩首的。李渊问道："外面是怎么回事，你为何如此装束来这里？"尉迟敬德对他说："是太子和齐王作乱，秦王已经带兵将他们诛杀，害怕您受到惊吓，派我来保护您。"李渊吓得不知所措，问召集前来的大臣们该怎么办。萧瑀和陈叔达乘机进言说："太子和齐王在当初起义灭隋的时候，就没有立下多少功劳，如今他们又看不惯秦王功高望重，所以共为奸谋，要除掉秦王。现在秦王把他们杀了，这应该是顺应民心的事情。如果现在陛下把太子之位交给他，那么天下就太平了。"事已至此，李渊只好顺水推舟。

此时，外面还在激战，李渊给尉迟敬德一份手诏，命令所有军队听从秦王指挥，战事由此平息下来。李世民掌握了全部军权，朝中再也没人敢与他抗衡了。紧接而来的便是血腥杀戮，李建成的五个儿子和李元吉的五个儿子全部被杀。眼见一群心爱的孙子人头落地，李渊自知身处危境，只能默默无语，暗自垂泪。

玄武门之变的第三天，李世民被立为太子。李渊在诏令中说："皇太子李世民天生聪慧，度量大，见识广，文治武功，无人能比。立世民为皇太子，真是托付得人，也是我的夙愿。从今以后，军机兵仗粮仓，乃至朝廷的所有决策，事无巨细，都委托皇太子断决。"两个月后，李渊退位，李世民登基称帝，改年号为贞观，后人称他为唐太宗。

玄武门的刀光剑影，时常在李世民的心头掠过，使他处在难以名状的恐慌之中。史官们如何记录那段厮杀，他异常关注。如果讳莫如深，什么也不写，他去世后，总会有人来填补空白，而到那时，怎么去写，他肯定无法控制了。玄武门政变前，生死攸关，他无暇顾及仁义纲常；玄武门政变后，大权在握，他要为自己做道德的美化。所以，他给史官们立下了一条原则：要仿照周公诛杀管叔和蔡叔的样子记录。因此，唐朝国史中的粉饰就可想而知了。而留在民间的传说，却是另外一个版本：李世民担心哥哥和弟弟的冤魂变成厉鬼来要他的命，就下令把秦琼（叔宝）和尉迟恭（敬德）画到门上，以防鬼魂的侵扰。渐渐地，民间也开始仿效这种做法以驱鬼辟邪，这两员大将便成为千家万户的守门神了。其中，执铜者是秦琼，执鞭者是尉迟敬德。

其实，造成兄弟喋血的根源，在于政治体制。在封建专制体制下，皇帝具有"家天下"的特权，正所谓"普天之下，莫非王土；率土之滨，莫非王臣"。一方是通过合法程序确立的太子，一方是功高望重的亲王，面对只有一个名额的太子之位，手足相残就不足为怪了。在独一无二的绝对权力面前，兄弟手足、父子情深，道德的底线面临挑战，道德的森严壁垒显得太脆弱了。当然，抛开皇家个人恩怨，从历史发展、社会进步方面看，李世民夺权也未必是一件坏事。因为他治理国家，的确非常成功。他的贞观之治，成为帝王敬仰的典范。如果李建成继承皇位，唐朝会怎么样呢？遗憾的是，历史没有假设！

四、稳定政局　调整高官

李世民登基以后，最棘手的问题是如何处理政变后的遗留问题——处置太子党羽、安置李渊，尽快稳定政局。

1. 处置太子党羽

玄武门之变以后，朝野上下，长安内外，仍然遍布着李建成和李元吉多年网罗的党羽和心腹，有的心怀疑虑，有的伺机而动，是新政权的极大隐患。如果处理不当，极有可能引发流血冲突，扰乱社会秩序。对于东宫和齐王府的敌对势力，李世民一开始实行的是严厉打击的高压政策。随着李建成的五个儿子和李元吉的五个儿子被杀，秦王府的不少官员为了讨好李世民，建议对东宫和齐王府的人赶尽杀绝。尉迟敬德头脑清醒，坚决不赞成，对李世民说："李建成和李元吉是陷害陛下的元凶，他们已经被诛杀，若要株连他们的同党，势必引起骚乱，不利于国家安定啊！"听了这话，李世民审时度势，决定不再扩大打击面，对原东宫和齐王府的余党实行宽大政策，下诏大赦天下。宣布对李建成和李元吉的党羽，一律不再追究。同时，对东宫府中的杰出人才大胆地加以擢用。

太子党羽薛万彻逃匿于终南山，经唐太宗多次派人进山劝谕，终于出山投诚。唐太宗欣赏他的勇气，认为他忠于自己的主人，并没有过错。不但没有治他的罪，而且请他为自己效力。后来，薛万彻在抗击突厥和吐谷浑的战斗中，屡立战功。被唐太宗誉为和李勣、李道宗并列的三大将军之一，并说："李勣、李道宗不能大胜，也不能大败；薛万彻不是大胜，就是大败。"

东宫翊卫车骑将军冯立，是李建成的心腹，在玄武门事变中，他亲眼见到李建成被杀，慨叹地说："哪有活着的时候受到主上的恩德而在他死后就只顾自身逃难的！"于是带兵攻打玄武门，杀死了屯营将军敬君弘，并说："我总算对得起太子了！"事变后，冯立前来谢罪，李世民先对他说："你在太子和我之间作梗，挑拨我们之间的关系，这是你的第一道罪名；事变发生时，你又出来作战，杀伤我将士，这是你的第二道罪名。"但李世民认为他是一个讲义气的汉子，见到冯立表示悔改后，李世民不计前仇，任命他作左屯卫中郎将。冯立见李世民这样器重自己，表示以死相报，非常激动地说："我有幸受到您莫大的恩德，给予我这样的帮助，我会已死作为报答"。

魏徵是李建成的谋士，多次劝说李建成及早下手杀死李世民。玄武门政变结束不久，太子余党纷纷逃亡，魏徵却依然故我。李世民召他前来，严厉地责问他说："你多次劝说建成陷害我，离间我们兄弟的关系，这是为什么？"在场官员以为太宗要治魏徵的罪，个个紧张得不知所措。而魏徵却不慌不忙，不亢不卑，缓缓回答说："如果李建成听从我的建议，就不会有今天的杀头之祸。"敢于这样与李世民叫板，源于魏徵超常的智慧和敏锐的判断力。他知道，李世民特别爱才，手下有不少通过招降纳叛得到的能人。他非常自信，知道自己在李世民心中的分量，断定李世民一定会用他。相反，如果奴颜婢膝，乞求饶恕，反而会遭到唾弃。李世民一向赏识魏徵的才华，听了魏徵的话，认为他是一个忠心耿耿的诤臣，不但不怒，反而对他倍加器重，封他为詹事主簿，管理往来文件。后来又改任谏议大夫，其官位在太宗朝步步高升。在一次赏月宴会上，唐太宗曾满怀喜悦地说："魏徵过去确实是我的敌人，但是他尽心尽力地侍奉主上，又是值得嘉赏的。所以我今天这样重用他。"

对于其他原东宫的谋士，李世民也尽力笼络、利用。例如，他召回流放在外的王珪、韦挺，授予他们谏议大夫的职务，留在身边作自己的顾问。正是因为李世民拥有如此宽宏的气度，坚持摒弃前嫌，唯才是举的用人原则，不仅解除了东宫余党的疑虑，使之转而为自己效力，而且很快稳定了政局，可谓一箭双雕。

在夺取帝位的玄武门政变中，李世民是胜利者。但是，篡位与弑兄的阴影，却压在李世民的心头。为了掩饰这场权力争夺案的血腥，李世民在做了皇帝1个多月以后，追封李建成为息王，谥号曰隐；追封李元吉为海陵王，谥号曰刺。按照《谥法》的说法，隐是隐拂不成的意思，刺是不思忘爱、暴戾无亲的意思。这就向世人显示，玄武门政变是一场以正义诛杀奸佞的战争，而唐太宗虽然将罪人置于死地，却仍然在他们死后给予封号，表示对他们心存仁爱。

唐太宗还以隆重的仪式改葬了李建成和李元吉。改葬前，原东宫属官魏徵、王珪联名上表说："我们从前受太上皇的委托，在东宫辅佐。不料太子与宗社神人对抗，得罪上天，自取其咎。我等作为僚属而能获免罪，还得到皇上这样额外的恩德，甘愿用尽余生来报答……陛下宽宏大量，重骨肉之情，决定以礼厚葬二王。我们都是他的部下，希望能在下葬之日，亲自到墓地送行，以表哀悼之情。"这篇奏章写得十分得体。首先，指出李建成与李元吉结衅宗社，得罪人神，因此他的被杀是理所当然的。同时又称赞唐太宗以礼改葬二王，是深明社稷大义之举。然后，从仁义道德上陈述了打算前往送葬的理由。这样做，不仅可平息东宫旧属的怨恨情绪，而且从道义上可消除唐太宗与兄弟骨肉相残留下的不良舆论。因此，唐太宗看后十分高兴，爽快地答应了他们的请求，命令原东宫和齐府的僚属统统前往送葬。举行葬礼那天，他还到宫城千秋殿的宜秋门痛哭致哀，并让自己的皇子赵王李福为作为李建成的后嗣。通过隆重的礼葬活动，本来十分紧张的皇族矛盾，在相当程度上得到了缓解。李建成和李元吉的余党心中豁然，不再存有疑心，有许多人还成为李世民宠信的重臣。李世民的这一举动，也表现了一位伟大的政治家的风度和气魄。

京师长安以外的很多地方，却仍然人心惶惶。看到太子和齐王的余党散亡民间，很多好事者前去官府告发，以邀功领赏；有的地方官员大肆抓捕"罪犯"，滥施淫威。特别是李建成和李元吉势力较大的河北一带，形势尤其严重。

在消除了长安城内的矛盾后，李世民开始采取措施，安定山东地区的局势。当初李世民和李建成为了争夺皇位，都努力交结山东豪杰。因为出身于关陇地主集团的统治者，要想实现在全国范围的统治，不能不任用山东人士。而广大的山东地区既是人才荟萃之地，又是当时财政命脉之所在。早在武德六年（623）的时候，李世民就曾敏锐地注意到山东、河北等地的优势可以利用。但是，在平定刘黑闼起义军时，李世民采取了残酷的镇压政策，而李建成则听从魏徵的建议，对于俘获的兵将进行安抚，大得人心。因而李建成对山东势力的拉拢行动早，收效大。他利用自己在河北地区的威望，趁机积极地培植地方势力。因此，当李建成与李元吉被杀的消息传来时，在山东豪杰中很多人愤愤不平，试图趁朝廷内讧之机，兴兵作乱。例如武德九年（626）发生了幽州大都督、庐江王李瑗的谋反事件。再加上太子余党逃到关东地区，与当地势力相互勾结，对朝廷也构成了严重的隐患。

　　幽州都督庐江王李瑗是李渊的伯父李哲之子，被李建成结为外援，成为其心腹。李建成被杀后，李世民派通事舍人崔敦礼召李瑗入朝，李瑗心存不安，便与心腹王君廓商议对策。王君廓是一个阴险毒辣、口蜜腹剑式的人物，他见李世民已取得政权，便企图将李瑗置于死地，再乘机向李世民表功。便对李瑗说："京都发生了政变,详细情况我们并不了解。大王是宗室勋贵，担负着镇守地方的重任,难道拥兵数万的人能听从一位来使的召唤吗？听说太子、齐王被杀，大王又与太子、齐王关系密切，如果入朝，恐怕凶多吉少，难以自保啊。"说罢，王君廓假惺惺地与庐江王相对而哭。李瑗在王君廓的挑动下，将唐太宗派来的使者崔敦礼囚禁，以王君廓总理内外机务，举兵反叛。兵曹参军王利涉建议李瑗号召山东、河北等地的豪杰，联合突厥，西入潼关，夺取天下。并认为王君廓反复无常，不是可靠之人，应当利用北燕州刺史除掉王君廓。王君廓知道两人的谋划后，率领千余人赶往狱中，将崔敦礼救出。李瑗发觉后，急率数百人披甲上阵，与王君廓两军对峙。王君廓对李瑗的军队说："李瑗谋反，各位不要执迷不悟，自取灭亡。"李瑗平静地对王君廓说："你真是一个小人，出卖旧主子向新主子讨好，难道会有好下场？"王君廓下令将李瑗擒杀，并将他的首级传送长安，向李世民请赏。于是，幽州境内形势大乱。李瑗之乱，反映了李建成的余党仍蠢蠢欲动，阴谋作乱。面对这一局面，李世民采纳谏议大夫王珪的建议，下令重申："六月四日，也就是玄武门之变以前的事与东宫及齐王相关联的，十七日前（李瑗造反）与李瑗相关联的，不得相互告发，有违反这道命令的，要治罪。"李世民靠这些宽大的政策，对于建国初期大局的稳定非常有利。

随后，唐太宗又选派魏徵亲赴山东进行安抚。玄武门之变后，唐太宗一直留心物色人选，来稳定山东局势，而选中魏徵真可谓独具匠心。因为魏徵本来就是山东人，在作李建成僚属时，就曾经提出结交山东豪杰的策略，认为是扩大李建成在朝廷力量的重要手段。而魏徵和山东、河北地区各种社会势力也都有着密切的联系。玄武门之变后，唐太宗经过反复考虑，决定就派他宣慰山东，并赋予他可以见机行事的权利。

魏徵到达磁州时，恰好遇到两个犯人，经过盘问，才知犯人是李建成和李元吉的党羽李志安、李思行，当地官员正要将他们送往长安领赏。魏徵看到这种情况，严肃地对副使说："我们接受宣慰任务时，皇上嘱咐对前东宫、齐府的党羽都赦免不再追问，而现在仍然要将他们送去服刑，这怎能让人信服呢？只要对国家有利的事，就不能回避。宁可自己承担风险，也不能使国家政策受到破坏。况且皇帝允许我们因地制宜，见机行事。如果今天释放了李思行，不再追究他的罪行，他们一定会感恩戴德，其影响将远远超过我们的宣慰安抚。"于是，魏徵就自作主张把李思行等释放了。魏徵这样做，是因为他体会到了唐太宗的用心，知道只有宽大的政策才有利于消除疑虑，才能平息各地的分裂势力。唐太宗听说这件事后，不仅没有怪罪魏徵，而且十分高兴，认为魏徵处事果断，对他更加信任了。

唐太宗即位之初，就下诏免去关东赋税一年，老百姓得到消息后非常高兴。但没想到，太宗不久又变卦，下诏按以前的标准收取赋税，关东地区百姓大失所望。正在奉命宣慰山东的魏徵立即上书，坚决地指出："现在陛下刚刚登基，百姓都在拭目观察您的言行，而您刚刚下达了命令，就要食言，这会让八方百姓对您充满疑虑而难以信任。贪图小利而损失了德义，这是目光短浅，太可惜了。"魏徵的陈词慷慨，最终感动了李世民。不久，山东、河北大旱，唐太宗下诏免去当年赋税。由于唐太宗的政策得体，加上魏徵在山东尽力安抚，谨慎妥善地处理各处关系，最终使唐朝在山东、河北地区的统治基本上巩固下来了。

2. 太上皇移宫

李渊是中国历史上第一个被自己的儿子赶下位的太上皇，新皇帝即位，如何面对太上皇？在李世民和李建成、李元吉的斗争中，李渊明显偏袒太子，宣武门政变后又是在李世民的武力胁迫下交出权力的。因此，李渊与李世民父子之间结下了很深的芥蒂。出于父子亲情，更是出于人们普遍恪守的孝道，李世民在照顾亲情和孝道的前提下，对李渊进行了妥善的安置。

为了照顾太上皇的情绪，李世民让李渊仍旧居住在皇宫——太极宫中，享受皇帝的待遇，自己坚持在东宫显德殿登基，处理军国大事。这一举措，没有给别人留下把柄，也缓解了李渊的失落感，起到了稳定政局的作用。过了3年，也许是养尊处优的李渊觉得长期居住在太极宫不合适，就以喜好弘义宫的山林胜景为由，主动提出迁居城西的弘义宫。一再挽留之后，李世民终于答应了李渊的请求，并把弘义宫改名为大安宫。弘义宫是李渊为了安置功高的秦王而建造的，与太极宫比起来，规模狭小，让太上皇居住其中，有碍大国体面。于是，唐太宗听取了监察御史马周的建议，在太极宫东北部地势高敞的龙首原上，为李渊另建大明宫。但直到贞观九年（635），当了9年太上皇的李渊去世，大明宫还未完工，建造工作半途而废。后来，唐高宗又重新修建，这里最终代替太极宫，成为大唐的决策中心。

3. 一朝天子一朝臣

李世民即位之初，唐统治集团内部有三股势力：一是唐高祖李渊笼络的士族勋贵，包括跟随李渊晋阳起兵的功臣和前朝的勋贵。例如北周皇室宇文士及、梁皇族萧瑀、陈皇族陈叔达、隋宗室杨恭仁、关东士族封德彝、关中士族裴矩等。这些人都曾做过李渊的宰相，结成复杂的关系网络，多居功自傲，不思进取。二是秦王府李世民手下的幕僚，他们是李世民夺取政权和巩固政权的最可靠的力量。三是原太子李建成和齐王李元吉的官员，曾经各为其主与李世民争斗，其中不乏有识之士。唐太宗当政以后，大刀阔斧地调整领导班子，开拓大唐政权的新局面。

流放李渊的宠臣、密友裴寂，这是李世民调整的第一步。裴寂是蒲州桑泉人，李渊留守太原时，任晋阳宫副监，与李渊交情深厚，参与了晋阳兵变的谋划。所以，在高祖朝被任命为尚书右仆射，官至宰相，崇贵无比。但此人才能平庸，又好妒贤嫉能。在刘文静事件中，他与李世民结下了冤仇。刘文静是李世民的心腹，在晋阳起兵时起了重要作用，才能又远在裴寂之上，但官位和待遇远远低于裴寂，与裴寂的矛盾很深。有一次刘文静与其弟一起饮酒，口出怨言，拔刀击柱说："我一定要杀死裴寂。"不久，刘文静被人告发谋反，裴寂乘机对李渊说："刘文静的才干确实过人，但性情粗劣险恶，才能越大，危害越深。他常常对陛下口出怨言，谋反的迹象已经很明显。如今天下初定，如果不严加惩办，必然贻害无穷。"最终，裴寂唆使李渊诛杀了罪不当死的刘文静。在太子、齐王与秦王的争斗中，裴寂公开站在太子一边。政变后，表面上看，裴寂还是十分受尊重。贞观元年，太宗给他食封 1500 户，比所有的功臣都多，居位第一。但实际上，裴寂却被剥夺了参与商议政事的实权。贞观三年（629），有一个叫法雅的和尚口出狂言，诬枉朝廷，有人告发裴寂与之关系密切。李世民趁机将裴寂免官，贬归家乡。裴寂上表请求皇帝允许他住在京师，久久不肯离去。不久又有人扬言说裴寂似乎有得天下的气象，裴寂听后非常惶惧，竟杀人灭口。唐太宗知道后，勃然大怒，宣布了裴寂有四大罪状：第一条，身为宰相，却与妖人法雅这样的人过往亲密；第二条，以功高自负，竟声称唐夺天下是他的功劳；第三条，妖人说他有得天下的气象，竟不上报；第四条，私自杀死妖人灭口。唐太宗早有除掉裴寂的打算，终于找到机会。在列举了上述罪行之后说："我要杀掉裴寂有充足的理由，但既然臣子们都为他说情，劝我将他流配远方而留他一条性命，我就听从大家的意见吧。"不久，将裴寂流放到静州。后来，裴寂死于静州寓所。

在将裴寂贬官流放的同时，李世民还罢免了陈叔达、萧瑀等人的职务。唐高祖时先后有 12 位宰相，其中支持李世民的有陈叔达、萧瑀和宇文士及。这三个人分别出身于陈朝皇族、梁朝皇族及北周宗室，地位十分显赫，但思想趋于守旧，缺乏进取精神，还常常与朝中新贵争执。朝中每逢评议大事，萧瑀等老臣总是言辞激烈，不可一世，房玄龄、魏徵等不敢抗言。如果房玄龄等人有小的过失，萧瑀都要上奏弹劾。但唐太宗对房玄龄等人十分信任，往往不会治他们的罪，反而对萧瑀有所疏远。武德九年（626）七月，唐太宗罢免了出身隋朝宗室的中书令杨恭仁，由宇文士及接替他的职位。同时任命萧瑀为尚书左仆射，封德彝为尚书右仆射。十月，萧瑀和封德彝发生矛盾，又与陈叔达在殿廷上争吵，声色俱厉。唐太宗就以无视朝堂的大不敬之罪，借机将萧瑀和陈叔达免官。唐太宗虽然罢免了陈叔达、萧瑀等宰相的职务，但仍旧把他们当做德高望重的大臣以礼相待，时常慰问陈叔达，与他重温旧谊。后来，陈犯事被法司弹劾，李世民念及旧谊，没有声张他的罪名，悄悄罢免了他的官职，让他回家养老。萧瑀虽然几次触怒唐太宗，但太宗仍然不忘旧恩，将他的画像与其他功臣一起供奉在凌烟阁，并且拜为太子太保。太宗对宇文士及也十分重情义，在他重病的时候前去看望，悲痛得不能自已。这样，李世民逐渐摆脱了李渊旧臣的束缚，接下来就是在重要岗位安插亲信了。

早在武德九年（626）六月，李世民刚立为皇太子之时，就任命宇文士及为太子詹事，长孙无忌、杜如晦为左庶子，高士廉、房玄龄为右庶子，尉迟敬德为左卫率，程知节为右卫率，虞世南为中舍人，褚亮为舍人，姚思廉为洗马。这些人中，除了宇文士及外，长孙无忌和高士廉是亲戚，其他都是秦府武将或者"十八学士"成员，大多在玄武门事变中做出过贡献。贞观初年，论功行赏，房玄龄、长孙无忌、杜如晦、尉迟敬德、侯君集5人位列一等。李世民对群臣说："我对各位的封赏，以功劳大小为依据，如果有什么遗漏，请说出来，以便纠正。"李世民的叔父李神通很不服气，气愤地说："晋阳起兵时，我率兵最先起事，如今房玄龄、杜如晦等文人，却功居第一，我实在不服气。"听了这话，李世民心平气和地说："当初起兵反隋，人人有心。叔父虽然率兵而来，但没有亲临阵地。山东没有平定的时候，您受命镇抚，窦建德南侵时，您却全军覆没。刘黑闼起事，叔父又望风而逃。房玄龄等筹谋帷幄，安定社稷，其功劳就像汉代的萧何，虽无汗马之劳，却有谋划之功，所以功得第一。叔父诚然是我最亲近的人，但我不能以私心滥赏。"此情此景，使自恃功高的将军丘师利等人意识到，李世民确实是以功行赏，不徇私情，就主动中止了请功的想法。

贞观三年（629），唐太宗任命房玄龄为尚书左仆射，总领百司。杜如晦任尚书右仆射，与房玄龄共掌朝政。房玄龄善于谋划，明达政事；杜如晦机智深算，处事果断。当时，天下大事及典章制度，都由二人定夺。两人相互辅助，同心协力，成为有名的贤相，后世传为佳话，被誉为"房谋杜断"。在房玄龄、杜如晦成为宰相同时，秦王府其他僚属尉迟敬德、侯君集、高士廉、程知节、秦叔宝、段志玄、张公瑾等也都各居要职，初步形成了以李世民为核心的决策机构。

对于东宫及齐王府属官，李世民也酌情加以任用。贞观三年（629），他将原东宫旧属王珪提拔为宰相。王珪，太原人，原为李建成的心腹，任太子中舍人、太子中允。李建成被杀后，李世民召拜王珪为谏议大夫。贞观元年（627），唐太宗对大臣讲了他心目中的君臣关系，他说："正直的君主，任用邪恶的大臣，不能成就大事业：正直的大臣佐助邪恶的君主，也不能成就大事业。君臣相遇，就像鱼和水，相互依赖，国家才能长治久安。从前，汉高祖刘邦不过是一介农夫，手拿三尺长剑而定天下，主要是有贤臣的佐助。朕虽不明，却有幸得到诸位的佐助匡扶，所以希望大家各抒己见，以求天下太平。"闻听此言，王珪接着说："我听说弯曲的树木，用墨绳可以修正成材。君主只要听从臣下的意见，就能成为圣明的人。所以，古代的圣贤君主，拥有众多的敢于直言的诤臣。陛下聪慧，却仍能虚心纳谏，这是国家的福气。臣等处在这样宽松的环境下，还有什么理由不坦率陈述自己的意见呢？"，唐太宗对王珪的话十分赞同，于是下令："从今以后，凡三品以上大臣朝会，一定要派遣谏官，以纠正得失。"

为了广泛网罗人才，唐太宗李世民还打破士族门第观念，破格提拔山东士人。开始，唐太宗对山东人有些偏见。殿中侍御史张行成对李世民说："臣听说天子以天下为家，不应当以东西为限。否则，就是向人显露他的狭隘。"这话对李世民来说，真是振聋发聩，是他慢慢改变了对山东人的看法，开始重用出身低微的山东寒士，如马周、张亮、戴胄等人。

通过一系列的人事调整，李世民分化争取了敌对势力，择优录用山东士人，将自己的亲信安排到各重要部门，牢牢掌握着军政大权。基本形成了以李世民为核心的、由多个阶层参与的决策集团，为其后的政治改革和经济发展，奠定了良好的基础。

五、改革政治　三省六部

为了提高政府机构的办事效率，保持国家机器的高速有序运转，李世民对国家政治体制进行了改革。

1. 三省六部

李世民即位后，对三省六部制进行改革，对三省的职权及其相互制约关系作出了明确的规定，创建了中国历史上新的宰相制度，建立了以三省六部制为核心的中央政权机构。

三省即中书省、门下省和尚书省。中书省，长官为中书令，负责草拟诏令，制定政策；门下省，长官为门下待中，负责审核诏令，审议政策；尚书省，长官为尚书令及左、右仆射。尚书省下辖吏、户、礼、兵、刑、工六部，各部设尚书、侍郎，负责执行诏令和各项政策，是执行政令的最高行政机关。因为唐太宗曾经担任过尚书令，所以，尚书左、右仆射成为尚书省的最高长官。三省长官并称宰相，相互牵制，最后听命于皇帝。三省制使决策、审议、执行三权分离，各行其是，各尽其职，相互制约，特别是门下省的封驳权具有特殊的意义。

"封"，是指封还由中书省替皇帝草拟的政令诏书，"驳"是指驳回尚书省呈上的臣下奏章。古时臣下上书奏事，为防止泄密，同时也出于维护皇帝的尊严，奏书要用袋子封缄，称为封事。封驳一般都采取密封这一形式。这一制度在减少政策失误方面起着重要的作用。

三省长官中，尚书左、右仆射权力最大，为宰相之首。由于三省长官位高权重，后来不轻易授人。李世民便任用一些资历浅、职位低的官员参加宰相会议，这些人称为"同中书门下三品"或"同中书门下平章事"，行使宰相权力。这样做，一方面分散了宰相的权力，便于皇帝一人集权，使唐太宗的集权统治变得游刃有余。同时，更多的人参加宰相会议，可充分发挥集体的智慧，确保国家政令的准确性和前瞻性，有利于减少行政失误，具有一定的积极意义。同时，宰相集团的建立，促使贞观时期出现了人才济济的局面。

三省之中，中书省发布命令，门下省审查命令，尚书省执行命令。一个政令的形成，先由各位宰相在设于中书省的政事堂举行会议，形成决议后报皇帝批准，再由中书省以皇帝名义发布诏书。诏书发布之前，必须送门下省审查，门下省认为不合适的，可以拒绝"副署"。诏书缺少副署，依法即不能颁布。只有门下省"副署"后的诏书才成为国家正式政令，才能交由尚书省执行。这种运作方式类似现代的"三权分立"制，西方在十七世纪兴起的分权学说，李世民早在一千多年前就已运用于中国的政治体制，这表明贞观王朝政治文明已经达到相当高的程度。尤其难能可贵的是，李世民规定自己的诏书也必须由门下省"副署"后才能生效，从而有效地防止了他在心血来潮或心情不好时作出不明智的决定。在中国历史上全部853个帝王中，只有李世民一人拥有如此宽阔的胸襟和卓越的胆识。

除三省六部外，中央还设有御史台，负责监察百官，其长官为御史大夫，副长官为御史中塞。御史台下属三院：台院、殿院、察院。台院有侍御史4人，负责纠举狱讼，复议死囚，平反狱案和弹劾官员的违法行为。殿院有殿中侍御史6人，主要纠察殿廷内百官的仪态、着装、行止。级品再高的官员也要服从纠察。在一些重大的庆典活动中，他们还负责维护秩序，检查仪式、服饰是否规范。察院有监察御史10人，主要职责是受皇帝委派，到各地检查军政事宜。其中，御史大夫位高权重，可以参与朝政，行使部分宰相的权力。贞观前期的御史杜淹、温彦博、萧璃、韦挺等都受到了太宗的器重。

在地方上，唐朝设州、县两级。州设刺史，县设县令，均由中央任免，负责地方清查户口，催征赋役，维持治安等。贞观初年，由于地广人稀，民少官多，唐太宗又合并和减少州县，依山河形势，划全国为十道，即：关内道、河南道、河东道、河北道、山南道、陇右道、淮南道、江南道、剑南道和岭南道。道为监察区，由中央派官吏巡视指导工作，对整顿地方吏治可以起到较好的作用。

县以下的行政组织有乡、里、保、邻：五里为一乡，设乡老一人。每百户为一里，设里正一人。乡官里吏的主要职责是教化民风，检查户口，征敛赋役，管理农业生产。每里之中，又实行邻保制，四家为邻，五家为保，保有保长，协助里正维持地方治安，稳定社会秩序。

2. 精简机构

鉴于地方机构臃肿的情况，唐太宗下令合并州县，取消郡一级行政机构。与武德年间相比，州县的数量大大减少。减并后的州府共 35 个，比原来减少了三分之一。减并后的县共 1551 个（贞观十三年统计），比以前减少了一半。这样，不仅减少了政府行政开支，减轻了百姓负担，有利于社会的安定，还提高了地方政府的办事效率。

李世民即位不久，就对房玄龄说："量才授职，关键在于精简官员数量。官员的使用在于是否得当，不在于数量多少。如果任人得当，数量虽少也能成事；如果任人不当，即使官员再多也于事无补。这就是古人说的'千羊之皮不如一狐之腋'。因此，应当淘汰多余的官员。"房玄龄等按照李世民的指示，将中央文武官员裁减到 643 员。当时民户约 300 万，以平均每户 5 口人计算，全国人口约 1500 万左右。以一个拥有 1500 万人口的国家，政府官员只有 600 多人，可以说是比较精简的了。

贞观年间，唐太宗对官员的职责、考核、奖惩都有严格细致的规定。官员无故缺勤或擅离职守，要受到惩罚，各官府上班时要点名，并且一日多次点名，点名一次不到，要受到"笞十"（用鞭、枝或竹板子打 10 下）的惩罚。唐太宗还要求各级官员轮流值班，即下班后及夜间官府也要有人值班。对诏令下发和官府文书的会签，时间有明确规定，违者受罚，直至罢官、判刑。贞观元年（627），黄门侍郎王珪有密奏交给宰相高士廉，让其转交太宗，高士廉未能及时转送，结果被贬为安州都督。

为了保证官员能勤于职守，贞观朝制定了严密的考课制度。

官员一般4年一任，其间每年都要一次小考，评定等级；4年一大考综合小考的等级决定官员的升降。考课由尚书省吏部的考功司主管，考功司设郎中、员外郎各1名，郎中负责京官考课，员外郎负责外官考课，对三品以上的高级官员，最后须报呈皇帝，由皇帝亲自裁决。

唐太宗把赏罚作为管理官吏的重要手段，重视考核监督。为使赏罚有据，他格外重视对地方官的监督。在精简机构的同时，唐太宗还根据山川形势和地理位置，设置了关内、河南、河东、河北、山南、陇右、淮南、江南、剑南、岭南十道，中央政府经常派员到各道巡视，考核官员的政绩。唐太宗为考察地方官的治绩，将每一个刺史的名字都写在屏风上，并标上红黑点来记录他们的善恶。在奖优罚劣政策下，各级官员都能恪尽职守，涌现出一大批政绩优异、以清正廉洁著称的州县良吏。例如，善养百姓的邓州刺史陈君宾；被百姓呼为慈父的通、巴二州刺史李桐客；开凿无棣河，变水害为水利被老百姓编歌赞颂的沧州刺史薛大鼎等。

在李世民统治下的大唐帝国，皇帝率先垂范，官员一心为公，吏佐各安本分，滥用职权和贪污渎职的现象降到了历史上的最低点。难能可贵的是：这一切，主要不是靠残酷刑罚的警示，而是皇帝以身示范，以及一套比较科学的政治体制来预防贪污。在一个精明自律的统治者面前，官吏贪污的动机很小，贪官污吏也不容易找到容身之地。

3. 完善府兵制

府兵制是西魏、北周时建立的一种兵制，到隋朝时已日趋完备，但由于隋末大乱，府兵制遭到一定程度的破坏。唐初沿袭隋代的府兵制，在中央设卫，在关中设军，每军管辖一道，各道都有骠骑府和车骑府。由于战事繁忙，编制经常变化。加上李世民同太子和齐王的矛盾，中央 12 卫及所属 12 军同亲王率的六府形成对立之势，不利于皇帝对军队的控制。

贞观十年（636），李世民下令改革兵制。府兵的领导机构在中央为 12 卫，每卫设大将军 1 人，将军 2 人。各卫均下统一定数量的折冲府。折冲府一般设在州府，州府之下的县乡等行政机构设团、旅、队、火等府兵机构，属于折冲府之下的基层组织。军府大小不一，上府有士兵 1200 人，中府 1000 人，下府 800 人。府下为团，每团 200 人；团下有旅，每旅 100 人；旅下有队，每队 50 人；队下有火，每火 10 人。唐朝的府兵制，是建立在均田制基础上的，兵农合一。国家授给士兵土地，他们不负担国家赋役，平日生产，轮番出征作战和戍卫京师。出征和戍卫期间，所需武器、粮食、服装等均须自备。

府兵是世袭的，士兵 21 岁应征，60 岁免役。当时，全国置折冲府共 600 多个，其布局以加强中央武备为原则。中央所在地占军府总数的 40%，拥兵达 26 万，其次为河东、河南地区，军府也较多。江南地区军府则较少，形成了内重外轻的局面。

为了弥补府兵兵员的不足，唐太宗还使用招募的办法征集兵员。但贞观年间，府兵制是兵制的主体形式。府兵制对于加强中央集权，维护国家安全，发挥了积极的作用。

六、休养生息　发展经济

唐太宗在位的23年里，政治清明，经济繁荣，社会安定，因这一时期的年号为"贞观"，所以被后世誉为"贞观之治"。贞观之治的主要内容，就是休养生息，恢复和发展生产。

1. 为君之道，先存百姓

唐太宗继位之初，面对百业待举、百废待兴的局面，为了找到一条实现天下大治的途径，他十分注意吸纳贤能之士的观点，曾在朝堂上主持过一次关于自古以来历朝皇帝理政得失的讨论，向群臣询问使国家大治之策。

面对历史遗留下来的重重困难，魏徵满怀信心地说："动乱之后，人心思安，易于教化。如果要天下大治，必须加强教化。上下同心，见贤思齐，有几个月的时间社会风气就会好转，用三年的时间，社会经济就能恢复和发展起来。"封德彝认为不可，他引证历史，认为夏、商、周三代以后，秦朝专用法律来治理，汉朝杂用霸道来治理，他们不是不想教化，但却都没有达到教化天下的目的，可见实现教化的目的是十分艰难的事情，甚至是在当今社会所不可能实现的事情。他还厉声指责说："魏徵只是一介书生，不识时务，如果听信他的胡言乱语，会导致国家的危亡。"魏徵毫不客气地反驳说："人处在困难危急之中，最怕死亡，于是就考虑产生变化的办法。自隋以来，人们饱尝丧乱之苦，生活在危难之中，人人都希望有一个休养生息的环境，静则安，动则乱，这是妇孺皆知的道理。因此百姓可以教化，国家可以治理，关键在于执政者有没有能力和信心。"魏徵还提出实现天下大治的决策，那就是"抚民以静"。魏徵指出，所谓的静，就是休养生息，减轻百姓的负担，等大乱为他们造成的损害渐渐消失，给他们足够的恢复生产的时间，才能进一步谋图发展。这正是安定局势，治理国家的根本所在。

唐太宗十分赞同魏徵的观点，对群臣说："我刚刚即位，治国理民，务在安静。如今，国家未安，百姓未富，应当以静安抚，我日夜思虑的问题，就是如何清静，使天下无事。"

唐太宗亲眼目睹了隋朝末年隋炀帝虐待百姓，大肆营造土木工程，又穷兵黩武，最终导致风起云涌的农民起义爆发，身死国亡的教训，对保证百姓的存活空间看得十分重要。因此，能把"存百姓"当做"为君之道"的先决条件，这在历代君王中都是十分有远见的。同时他又认为，封建王朝的长治久安取决于百姓能否生存，而反过来，百姓的存亡又取决于君主能否克己寡欲。他有一句名言：国君有道，那么百姓自然会推举他为人主；国君无道，那么百姓会抛弃他而不服从。也就是说，君主能否长久保有天下，是受到百姓的制约的。他能把国治、民存和君贤三者有机地联系起来，反复强调民存取决于君贤，这更加显示了他的远见卓识。

民为贵，社稷次之，君为轻，治国必先养民，是先秦哲人孟子的主张。从以下的谈话中，可以看出唐太宗对这种民贵君轻理论的理解与认同。他指出："君主依靠国家，国家依靠百姓，如果剥削百姓以侍奉君主，就好像割掉人身上的肉来充饥一样，这样虽然肚子吃饱了，但身体死亡了，君主富裕而百姓贫苦国家也必然会灭亡。"这就形象地表达了民为邦本、治国必先安民的远见卓识。

贞观二年（628），他在慰劳刺史陈君宾时就曾对他说："我最近常常是在正午过去很久了，还不记得吃饭，天还未亮时就起床穿衣，我每天这样夜以继日地思索，全是为了能够找到让百姓静养以恢复发展生产的良策啊！"

唐太宗时常告诫百官，做事情要重视顺应民心，他对侍臣们说："自古以来帝王凡是要兴建工程，必须要顺应民心。大禹开凿九山，疏通九江，耗费人力非常巨大，却没有人痛恨埋怨，就是因为民心希望他这样做，他实现了百姓的心愿。而秦始皇营造宫室，却常常遭到人们的指责批评，这又是因为他只是为了满足私欲，不跟民心一致的缘故。我最近想造一座宫殿，材料已经准备齐全，但是想到秦始皇的事情，就决定不兴建了。"贞观四年（630），唐太宗又对侍臣说："建造修饰宫殿屋宇，流连欣赏亭阁池台，这是帝王所希望的，却不是百姓所希望的。帝王所希望的是骄奢淫逸，百姓所不希望的是劳累疲敝。孔子说：有一句可以行之终身的话，就是要实行仁恕之道啊！自己所不情愿做的事，不要施加给别人。劳累疲敝的事，不能施加给百姓。我坐上帝王的尊位，享有天下，处理事情都设身处地，真正节制自己的欲望，不做百姓不希望做的事情，这样一定能够顺应民情。"

唐太宗还通过形象的比喻论述了对天下百姓实行仁义的重要性。他说："树林茂密的地方，鸟就容易栖息，水面宽阔的地方，鱼就容易游动，仁义积聚了，百姓自然会归顺。人们都知道畏惧躲避灾害，却往往不知道实行仁义灾害就不会产生。仁义之道，应当记在心里，并且使它继续发展下去，如果有片刻的松懈怠慢，离仁义就已经远了。好比用饮食来供养身体，常常能使肚子吃饱，才能够保存生命。"王珪听后叩头感慨道："陛下能知道这些道理，天下百姓真是太幸运了！"

唐太宗还告诫官员要吸取隋朝灭亡的教训，他对黄门侍郎王珪说："隋文帝开皇十四年关中发生大旱，百姓饥饿困乏。当时国家的粮仓堆得满满的，但是却不允许开仓救济百姓，反而让百姓逃荒自己去寻找粮食。隋文帝不爱惜百姓却爱惜仓库到这种地步。等到隋文帝晚年，国家储积的粮食，可以供给全国食用五六十年。隋炀帝就倚仗这样的富裕，尽情享受豪华奢侈，荒淫无道，结果导致灭亡。所以，隋朝最终丧失了国家，父子一样都有责任。凡是治理国家的，务必积蓄于民，而不在于装满朝廷的仓库。"

在中国漫长的古代历史中，真正高举民为邦本的旗帜，并努力付诸实践的要数贞观时代。在制定政策、设置制度的时候，能够考虑到百姓的利益。唐太宗本着民为邦本、抚民以静的原则，作出了"大治"天下的决策，制定了一系列政策和措施，而且毫不迟疑地将之付诸实施，让这些思想策略落到实处。李世民非常关心老百姓的生活，重视农业生产，主张休养生息，轻徭薄赋，不夺农时。他采取了均田、垦荒、兴修水利、奖励人口生育等一系列发展农业的政策措施，在一定程度上促进了唐初农业的快速发展。

2. 推行均田制，奖励垦荒

均田制始于北魏，历北齐、隋而至唐。经历了隋末的大乱，全国州县经济萧条，人口稀少，大量空荒的土地等待开垦，而这成为唐初实行均田制的前提。唐初，为了使流亡无地的农民重新回到土地上进行生产，继续推行北魏以来的均田制。武德七年（624），唐政府颁布均田令，规定：凡年满18岁的男丁授田1顷，其80亩为口分田，死后交还国家；20亩为永业田，可以传给子孙。残疾者授口分田40亩，寡妻妾授口分田30亩，工商业者减丁男之半。一般妇女和奴婢不授田。有爵位的亲王、贵族和公侯可依照品级的高低依次授田100顷至2顷的永业田，各级官府和官员还有数量不等的公廨田和职分田。限制土地买卖，只有在身死家贫无以供葬时，可卖永业田，从地少人多的地区迁往地广人稀的地区可卖住宅及口分田。

唐代均田制，大体承袭前代而又有所不同，唐代取消了奴婢占田，说明经过隋末农民战争的打击，奴婢在生产中已不占重要地位，同时也说明唐政府有意限制豪强势力的发展。唐代均田制虽然限制土地买卖，但买卖限制仍比从前放宽了，从而为地主豪强兼并土地开了方便之门。贵族、官僚享有占田特权，这说明均田制并不是平均分配土地，它实际上是维护封建等级制度，保证封建赋税的收入。

唐太宗时期，继续维持均田制，由于政治安定、吏治清明，均田制在实行过程中基本上没有出现大的差错。

均田制的推行，部分满足了农民的土地要求，提高了农民的生产积极性，使遭到战乱破坏的农业生产得以恢复和发展。同时，均田制的实施，有利于农民摆脱为国家服役，增加了财政收入，有利于中央集权制度的加强。

贞观十八年（644）二月，唐太宗下令，向荒远地区百姓授田，21岁以上的丁男每人授田30亩。又鼓励农民迁居到荒地较多的地区，即所谓"宽乡"，以方便给足田亩。例如，贞观元年，关内遇到旱灾，粮食歉收，唐太宗就组织饥民到关外寻找生存的途径。再如，贞观二年，唐太宗号召地方官动员当地百姓迁居，下诏说："如果为官者能够按照朝廷的指示，鼓励当地百姓迁居到宽乡，安置他们各得其所，那么官人的考功成绩可以得到一定的奖赏。"把官员对百姓的安置与自身的考课结合起来，大大调动了官员的积极性，有利于政策的推行。这样一来，大量百姓迁居到荒凉待垦的地区，迁居的百姓中有灾民、流民，也有部分自耕农，他们开发了大片的荒地。

此外，唐太宗还进一步从政策、法律上鼓励百姓开垦荒地。贞观十一年（637），新颁布的《唐律》规定，住在宽乡的百姓，根据国家规定的标准，按照人口数授予一定的田地后，这一地区的田地仍有剩余，则可以额外分给他们土地，让他们开垦收获。同时规定，如果百姓原来居住在荒地不多的狭乡，但愿意迁居到荒地较多的宽乡，那么可以得到减免租税的优待。律文甚至细致地规定了这种优待的享受规格，即离开原来居住地千里以外的，可以免除三年租税；500里以外的，可以免除两年租税；300里以外的，可以免除1年的租税。为了保证政策的切实执行，律文还对督促此项制度的官员实行了监督规定，如果官员不按赋役令执行，则要受到徒刑两年的严重惩罚。这些措施再清楚不过地反映出唐初统治者鼓励农民移居宽乡垦荒的意愿。

唐初的赋役制度称为租庸调制。凡是授田农民，每丁每年要向政府纳粟2石，叫做"租"；每丁每年交绢2丈、绵3两，不产丝绵的地方可交布2丈5尺，麻3斤，叫做"调"；每丁每年服役20天，如不亲自服役，每天可折交绢3尺7寸5分，叫做"庸"。

如果加役 15 天，可免调，加役 30 天，租、调可以全免。和隋朝相比，农的负担有所减轻。唐太宗即位后基本上未对租庸调制进行大的调整，在实际执行过程中却有意减轻的负担。

贞观二年（628），山东大旱，下诏免当年赋租。贞观四年（630），免陇、岐二州租赋一年。贞观十一年（637），雍州当年租赋，免洛州租调一年。十二年（638），免朝邑当年租赋。十三年（639），免三原县租赋一年。十四年（640），免第安县延康里当年租赋。十五年（641），免洛州租一年。此后，也有不同程度的租赋减免。

发展农业生产，时节十分关键，人误田一时，田误人一年。贞观年间，为了让农民休养生息，统治者徵发徭役比较注意不违农时。唐太宗在《赐孝义高年粟帛诏》中说："自从我登基以来，不曾准许一个百姓遭到过分的役使，这就是为了能让百姓有休养生息的机会，从而能够恢复精力啊！"

另外，当政府活动与农时相冲突时，唐太宗也能做到不违农时。贞观五年，皇太子将要行冠礼，礼部官员援引阴阳家的占卜，提出举行礼仪的时间应该在二月。但二月份正是春耕的忙碌季节，两件事发生了矛盾。皇太子的冠礼是国家的大事，但唐太宗宁愿放弃太子的礼仪而尊重农时，阴阳家和很多大臣前来劝阻，太宗坚持不肯在春耕的季节为太子举办礼仪，而要把礼仪推迟到秋后农闲的十月举行。

朝廷官员到州县检查农业生产时，太宗要求他们亲自到田间地头，不要让地方送往迎来，以免耽误农时，他常说："迎送往来，多废农业。如此劝农，不如不去。"

太宗喜欢打猎，但是为了不妨碍农时，太宗也尽量将狩猎的时间安排在农闲时间进行。根据史书的记载，贞观年间太宗大约有过七次田猎，而时间都是选在当年的十、十一、十二月。

太宗皇帝反对滥用民力、劳役无时，有人主张修建豪华的宫殿，太宗对群臣们说："崇尚豪华，装饰台阁，是帝王的需要，不是百姓的需要。劳民伤财的事，千万不能施加给百姓。"

太宗之所以不滥徵民力，是因为唐初统治者亲眼目睹隋亡的全过程，认识到统治者和被统治者之间的关系是船和水的关系，他经常对臣下说："君主，好比是舟；百姓，好比是水。水能载舟，也能覆舟。君主有道，人民推而为主；君主无道，人民会弃而不用。这是多么可怕的事啊。"魏徵趁机说："自古以来，亡国之君都是居安忘危，处治忘乱，所以不能长久。今陛下统一了全国，四海升平，上下一心，却不陶醉于成功之中，处处如临深渊，如履薄冰，如此励精图治，国家自然能长治久安。您常说：'水能载舟，亦能覆舟'，这是千年古训，陛下能认识到这个道理，这是国家和人民的福气啊。"

太宗又对近臣说："为君之道，首先是关心百姓。如损害百姓的利益供自己享乐，就好比是割股啖腹，腹饱身死。要想安定天下，必须先正自身，没听说有身下影斜的事。玩乐声色，既浪费钱财，又损扰百姓。百姓怨仇，就会离叛，每当我想到这些，就不敢放纵自己。"在这种思想指导下，贞观年间基本上做到了轻徭薄赋，休养生息，为农业生产的恢复和发展创造了条件。

为了限制劳役百姓，唐太宗也运用了法律手段。《唐律》规定：兴建城郭、堤防等其它土木工程，都要按照《营缮令》，计算人工的多少，申报到尚书省，尚书省予以批准后才能够动工。如果不上报，或者上报了不等到批准就动工，那么要计算所役使的人力，按照比坐赃罪，也就是贪污的罪名减轻一等的量刑标准处罚。在唐代坐赃罪的刑罚是很重的，最严厉的会判到死刑，而随便动用民力只比坐赃罪低一等，可见提出这条法律的唐太宗对于治理滥用民力罪行进行治理的坚决态度。

3. 提倡俭朴，反对奢侈

唐太宗十分强调节俭，控制自己的私欲。唐太宗虽然贵为天子，却十分俭朴。有一次他对褚遂良说："大舜以漆器做餐具，大禹雕琢菜板。当时劝谏舜、禹的有十余人。只为了食器之类的小事，何苦劝谏呢？"褚遂良说："奢侈的开始，就是危亡的开始。对陶器不满意，就用漆器；对漆器不满意，就会用金银器；对金银器不满意，就会用玉器。所以诤臣在其开始奢侈时就劝阻他，以防微杜渐，如果奢侈的恶习形成，劝阻也不起作用了。"唐太宗深以为然，对身边的大臣说："如果我迷恋奇服异器，你们应及时劝谏阻止。"

贞观二年（628），有人针对宫中潮湿的情况，请求营建一座干燥的台阁，唐太宗说："朕患有关节病，本不适宜在潮湿的宫中居住。但建造台阁，要花费钱财。从前，汉文帝要营建一座露台，痛惜要花相当于十家民户资产的钱财，而没有营建。我的才能和品德都赶不上汉文帝，怎么能在浪费钱财上超过他呢？"群臣再三请求，太宗仍不允许。

贞观四年（630），太宗曾对大臣们说："华丽的楼宇，供游赏玩乐的池台，是作帝王的普遍都想得到的，但却不是百姓所希望看到的。这类劳民伤财的负担，绝对不可以施加给百姓。"

贞观五年（631），朝廷准备修复洛阳宫，戴胄上书说："陛下承暴隋之后，救百姓于涂炭，解黎民于倒悬，四海称赞。当今百废待兴，役作繁重，一人服役，全家不安，服兵役要准备兵器，服劳役要准备粮草。丰收之年，还可以供给，遇到水旱灾害，大多数不能承受。如果强徵服役，可能会导致怨恨。况且洛阳宫还可以挡风遮雨，等到国家富足后再修复也不迟啊。"太宗虚心听取了戴胄的建议，停止修复洛阳宫。

为了减少宫廷费用，唐太宗还从后宫中放出3000多宫女。贞观初年，他曾对侍臣说："妇人幽闭在深宫，实在可怜。自隋末以来，广采民女，充实后宫，君主不常去的宫室，也聚满了宫女，如此浪费人力物力，实不可取。如果将她们放出，任其嫁人，喜结伉俪，既节省宫廷开支，又各得其所，何乐而不为？"由此，3000多宫女得到了自由。让宫女还家不仅可以达到鼓励婚配，增加人口的目的，而且对于宫女自身来说，能够从暗无天日的宫廷生活中解放出来，无异于重获新生。

唐太宗从节俭目的出发，严禁厚葬。他说："修建高坟，厚葬送终，是伤风败俗的恶习。长此以往，富人争相奢侈，越礼僭制；穷人破产伤财，陷入困境，有害无益，应当革除。秦始皇营修骊山墓，奢侈无度，最终只能加速他的灭亡，取辱天下，岂不可恶。"

他对自己的陵寝也作出了安排，决定以山为陵，仅容下棺木而已。同时，下令自王公以下，丧葬、婚嫁，车服都有严格的限制，要求各级官员严加检查，有明知故犯者，严惩不贷。在唐太宗带动下，贞观年间出现了许多崇尚节俭的大臣。谏议大夫魏徵，住宅内没有正堂，临死时，叮咛家属用布被裹尸，土埋了事，抑奢尚俭在当时已成为风气。

4. 重视农业，发展生产

唐太宗十分重视农业生产，贞观三年（629），恢复了被废弃的藉田礼仪。正月，太宗亲自祭祀农神，手操末耜，在田野中行藉田礼。这种仪式自从东晋以后就一直弃而不用，唐太宗认为前代的人这样做，是不懂得农事的重要，他要吸取教训，恢复这一制度。当时，成千上万的百姓前来观看，热闹非凡，一片欢腾。

唐太宗经常派使臣到各地巡视，劝课农桑。他常说："国以人为本，民以食为天，如果农作物歉收，就是朕不重视的结果。"为了表示劝农，他在自己的园苑里种了几亩庄稼，有时锄草不到半亩就汗流满面，腰酸腿疼，由此想到，农民整日在田中劳作的辛苦。作为一代帝王，能够设身处地地去体会农民的辛苦，这在历史上是十分罕见和难能可贵的。

唐初，国内战争刚刚结束，灾害频繁。为稳定人民生活，唐太宗十分重视农业生产，长孙皇后也在贞观元年（626）三月，亲率内外命妇养蚕。六月，山东大旱，唐太宗下诏命地方政府办理赈济，并免除灾区民众当年田赋捐税。贞观二年（628），关东、关中一带大旱，接着是蝗灾。唐太宗在皇家御苑发现了蝗虫，当即抓起一只，用咒语谴责蝗虫："民以谷为命，你这个家伙却把庄稼吃了，有本事，你就来吃我的肺肠吧。"接着，即把蝗虫往嘴里送。左右的大臣急忙劝阻说："吃了这脏东西，会生病的。"唐太宗说："朕为民受灾，有什么好逃避的！"于是，就把蝗虫吃掉了。

大灾之年，灾民甚至有卖儿卖女以求生的，唐太宗即刻下令开仓救济，解决灾民的燃眉之急，并拿出御府金帛，替灾民赎回卖掉之子女，以免骨肉分离。这项仁政在后代帝王中，很少有做到的。重视贩灾抗灾的直接效应，就是使社会秩序相对稳定。

水利是农业的命脉，为了发展农业，唐太宗十分重视水利工程的兴修。在贞观年间，水旱连年不断，治水更成为当时的一项紧迫任务。贞观十一年（637）七月，洛水暴涨，淹没百姓六千余家。唐太宗看到事态如此严重，竟下诏自责说："暴雨造成灾难，大水泛滥无边，我静静地思考这场灾难的原因，感到自己难辞其咎，因此内心十分惶恐。"同年九月，黄河又泛滥，大水毁坏了很多庄稼人口，唐太宗也十分着急，曾亲自到现场巡视，督促水利建设。在工部，设有水部郎中和员外郎，专门负责水利工程和河道疏浚。京师设有都水监，掌管京师河渠疏浚与灌溉事宜。

在唐太宗的大力倡导下，各地兴修水利成效显著。据《新唐书·地理志》记载，唐前期共修水利工程一百六十余处，其中多数是在贞观年间修建的。如贞观十八年（644），扬州大都督府长史李袭誉，引雷坡水，筑构池塘，溉田800余顷，百姓大获其利。沧州刺史薛大鼎带领百姓疏浚无棣河、长芦河、漳河及衡河，可灌可排，境内无水旱之灾。百姓作歌赞赏薛大鼎说："新河道能够通舟船，直达沧海捕捞到大量鱼盐。昔日只能徒刑而今驰骋其间，薛公的恩德像大海无边。"

为了保护水利工程和堤防，还制定了有关法律条文，称为《水部式》，凡违犯《水部式》的人都要受到惩治，以法律的形式确保河水与堤防的合理使用。凡是违反《水部式》规定的失职官员，都要重处。贞观十八年，太常卿韦挺负责向辽东水运粮食，由于事先没有视察好河道，船舶搁浅不能前进，致使六百艘粮船滞留岸边，造成重大损失。很快，韦挺就以不先行巡视漕渠的罪名，被押解到洛阳，受到免官的处分。贞观十八年（644），太常卿韦挺负责向辽东运送粮草，事前未能视察河道，致使六百余艘粮船搁浅不能航行，结果韦挺被免官。

农业的发展，劳动力是关键，没有充足的劳动力，就谈不上农业的发展，所以贞观年间十分重视招徕劳动力和增殖人口。贞观初年，由于长期战乱，百姓辗转流离，户口百不存一。为了有效地控制劳动力，制定了严格的户籍登记制度，由乡、里、村基层组织检查户口，上报州县，编订户籍，将隐庇在豪强门下的逃户变成了国家的自耕农。同时放免奴婢，驱民归田。贞观二年（628），从国库中拿出金银，赎男女自卖者还其父母，此后，又从突厥赎回男女8万口，提高了他们的身份地位和生产积极性。

为鼓励人口增殖，政府对百姓婚嫁十分重视。唐太宗曾下诏说："男20岁，女15岁已长大成人，要任其寻找配偶，鼓励鳏夫再娶，寡妇再嫁。家贫无钱办婚事的，乡里富人和亲戚要帮忙成亲。刺史、县令以下的官员，如能使婚姻及时、鳏寡减少，可以升迁。如劝导无方，户口减少，则要降职。为了增加人口，政府还提倡僧尼还俗，仅贞观初年就有十几万僧尼还俗，相互婚配，还乡生产。

贞观之初，在唐太宗的带领下，全国上下一心，经济很快得到了好转。关中农业丰收，流散人口纷纷回乡。到了贞观六、七年间，从伊、洛以东直到泰山的山东地区，也改变了之前人烟断绝、鸡犬不闻的荒凉境况，出现了连年丰收的局面。到了贞观八、九年，牛马遍野，百姓丰衣足食，夜不闭户，道不拾遗，贞观年间的社会经济从隋末的凋敝景象中走了出来，出现了一片欣欣向荣的升平景象。当时，人们外出，都不用自带食粮。行客进入山东的村落，百姓自愿拿出粮食来供路人享用，有时还赠送礼品，昔日残破的面貌一去不复返了。唐代史学家杜佑在他的史学名著《通典》中描绘当时的情况说："自从贞观以后，太宗励精图治，到了贞观八年、九年，粮食丰收，米斗买到四、五钱。马牛遍野，人们出门都不必关闭门窗。到了贞观十五年，米每斗只买两钱。"经济的繁荣又促进了社会秩序的稳定，许多地方没有盗贼，监狱经常是空无一人。贞观四年（630），全国一年才判29人死刑。举国上下，政治清明，经济繁荣，社会安定，史学家称为"贞观之治"。

贞观盛世局面的出现，有其深刻的历史原因。首先应归功于隋末农民战争。隋末农民大起义教训了唐太宗，使他认识到了水能载舟，也能覆舟的道理。正因为如此，才直接导致了贞观年间与民休息的政策的出台。

其次，唐太宗的自身素质及其周围的人才群体，起着至关重要的作用。唐太宗的宽广胸襟、雄才大略，使他能虚心纳谏，兼听则明。魏徵的诤谏，房玄龄的谋略，杜如晦的决断，李靖、尉迟敬德的武威刚直，戴胄的铁面无私等，都或多或少地影响着当时的社会。同时，普通民众的辛勤劳作也是创造贞观年间物质文明的重要前提。

正因为有了贞观之治的积淀，才会出现唐玄宗的开元盛世——开元盛世的富庶有大诗人杜甫的诗为证：忆昔开元全盛日，小邑犹藏万家室，稻米流脂粟米白，公私仓廪俱丰实……

贞观精神、贞观故事，在诗人的笔下广泛流传。杜甫诗句有"煌煌太宗业，树立甚宏达"。而后代君主，喜欢阅读《贞观政要》，都是想以唐太宗为榜样。

七、选贤任能　从谏如流

人才是治国安邦之本，好政策的贯彻实施，需要德才兼备的人才。从某种程度上讲，所谓贞观之治，就是任贤致治，没有贞观时期的人才济济，就没有贞观时期的政治清明和经济发展。

1．重视人才，求贤若渴

经历了隋末大动荡的唐太宗，深知创业难，守业更难。何以守成？他认为关键在于人，特别是忠臣良将。他希望依靠大批有才干的官吏，稳定和巩固自己的统治。他认为安定天下，作为君主切不可独断专行，否则会使决策错误百出，最终导致王朝的灭亡。

关于人才的重要性，唐太宗有一个恰当的比喻，他把君主比作人头，把人才比作人的四肢，两者相辅相成，才能成就事业。他常说没有舟楫难渡江河，没有构件难起大厦，没有人才难以兴国安邦。一天，唐太宗和魏徵谈论起隋炀帝，太宗问魏徵说："我读了隋炀帝的文集后，认为他很有才华，而且学识渊博。他在字里行间又常常流露出崇尚尧舜、鄙视桀纣的强烈愿望，可他为什么没有治理好国家呢?"魏徵为他分析说:"自古以来的明君贤主,都在于他有器量,能知人善任。所以有智者为他出谋划策,有勇者为他冲锋陷阵。隋炀帝虽有才华,却没有这种器量,不能发现人才,又刚愎自用,所以最终灭亡了。"唐太宗认为魏徵分析得非常正确,所以在他的政治生涯中,他求贤若渴,尚贤任能。

唐太宗曾先后5次颁布求贤诏令,诏书求取人才。同时,唐太宗还督责大臣选贤荐贤,他把协助选贤视为大臣们的重要职责,要求大臣们寻觅、荐举贤才。为此他责令房玄龄、杜如晦不要一味忙于事务,更要注重求访贤哲。贞观二年(628),唐太宗对房玄龄、杜如晦说:"你们身为宰相,应当为朕分担忧劳,广开耳目,求访人才。如果整天沉浸于日常事务中,没有空暇时间,怎么能帮助朕寻求人才呢?那些日常琐事,应该交给属官办理,你们只处理军国大事和留心发现人才。"他制定考课法,把发现和荐举人才作为评价官员工作成效的标准,还对荐贤者给以奖励,从而形成一种求贤爱才的良好风气。常何荐举马周,唐太宗就赏赐他二百匹绢。

提起马周,人们就会想起"唐太宗览奏识马周"的故事。马周,山东清河人,出生于一个世代贫寒的农民家庭。幼时父母双亡,孤苦伶仃,屡遭当地人欺侮。但他勤奋好学,遍读经书,满腹经纶。后来四处游历,投到了中郎将常何门下,做了一个门客。偶然的一次机会却改变了他的命运。贞观三年(629)的一天,唐太宗下诏让官员们议论国家大事,并针对当时的形势,人人献计献策。大臣们积极响应,提出了很多好建议。常何是个武将,没读过书,不会舞文弄墨,根本想不出什么计策,但不写又难以交差。于是,马周就替他写了20条建议,上呈皇上。唐太宗看了常何的奏章，十分赞赏，同时又感到奇怪。常何识字不多，怎么会写出这么又见地的意见呢？便招常何进殿，问他是怎么回事。常何为人诚实，如实说出奏章是马周替他写的。唐太宗听罢，才知道居然有这么一个奇才，还被遗落在朝堂之外，于是立刻召见马周。在马周还没赶到的时候，唐太宗坐立不安，一连四次派人去催。等到马周前来，见到这位穿着普通却气质非凡的年轻人，李世民就感到这人非同一般。与之倾心交谈后，发现他很有治理国家的才能，太宗更加高兴，直叹相见恨晚，就任命他做了监察御史。后来又任命他做中书令，主持朝廷的大政。马周终于有了用武之地，他十分感激唐太宗的信任。觉得自己得到的不仅是高官厚禄，更得到了一个充分发挥才能的机会，他尽其所学为国家做出了自己的贡献。

2. 不拘一格，唯才是举

唐太宗强调唯才是举，体现在他用人不避亲疏仇嫌，把才能视为选拔官吏最重要的标准。他说："只要是人才，哪怕是自己的亲属和仇人，也应该荐举。对待自己的亲戚，他也是采取唯才是举的方针，而不因私人关系有所偏颇。他常说："君主一定要大公无私，才能使天下人信服。官员不论大小，都应当选用贤能的人才。不可以按照关系的亲疏远近，资格的深浅，来决定官职的大小。"因此，虽有大臣谏阻，他照样对长孙皇后的哥哥长孙无忌授以高官。

他的一些老部下在他当了皇帝后，觉得凭着老资格应该步步高升，但是却没有如愿以偿，位置甚至不如魏徵等人，所以很不满意，吵闹说："我们这些人多年来鞍前马后，出生入死，今天反倒不如李建成手下的人！"唐太宗听后对他们说："选拔人才，如果不能分新旧、先后，新人贤明，旧人愚笨，那么我只能用新人，而不能用旧人。你们发出这样的怨言，是因为你们没有为国家着想。"他能包容魏徵、薛万彻等原为敌对营垒的贤能之士，让其拥有广阔的政治舞台，发挥文韬武略，贡献聪明才智。魏徵本为太子的心腹，但唐太宗欣赏他出众的才华和一片赤胆忠心，不记私怨，从治国的大局出发，不仅没有治魏徵的罪，反而委以重任。唐太宗甚至多次让魏徵进入自己的卧室内，询问政治的得失。而魏徵果然不负太宗的厚望，敢于犯颜进谏，及时地纠正了太宗的很多失误。

唐太宗唯才是举，还体现在他不论贵贱，不限门第。魏晋以来，长期盛行九品中正制。这种制度按照出身门第的高低将士人分为九等，结果，高官没有出身寒门的，低级官吏没有出身高门大户贵的，形成士族垄断政权的局面。唐太宗以其宽阔的胸襟和远见卓识，采取士庶并举的政策，鼓励并吸纳出身贫苦但富有才华的庶族子弟入朝为官，唯才是举，不问门第。他重用士族地主杜如晦等人，同时也重用庶族地主房玄龄、张亮、侯君集等人。不仅大胆擢用庶族地主子弟，唐太宗甚至对于出身布衣而有才华者也一视同仁。贞观三年（629）四月，唐太宗下了一道诏令，宣布出身贫寒百姓之家，但是有文武才能的人，只要言行忠诚谨慎，能够通晓时事，处理政务，就都可以录用为官。

唐太宗唯才是举还体现在他能冲破民族偏见的藩篱，敢于任用少数民族中的佼佼者。他根据少数民族将领的功勋与才能，让他们分别担任朝廷的高级将领与地方的都督之职。突厥族的阿史那杜尔就因为智勇双全而被太宗器重，贞观十四年（640），曾经任命他为交河道行军总管，派他出徵高昌。在他获胜凯旋后，还赐给他从高昌得来的宝刀及各色彩绸一千丈。执失思力屡进忠言，深得唐太宗赏识，于是把公主嫁给他，并拜为驸马都尉，封安国公。铁勒族酋长契苾何力投降后，太宗授予他左领军将军的职位。在平定吐谷浑的赤水源一战中，唐朝将领薛万均、薛万彻被围，兄弟二人均中枪受伤，随从骑兵死伤十之六七。危急之时，左领军将军契苾何力率数百骑前往救援，奋力厮杀，拼出血路，薛氏兄弟才幸免于难。因契苾何力的大功，唐太宗擢升他为北门宿卫。

大批的人才被召集到朝中后，接下来的一个重要问题就是如何充分调动他们的积极性，使他们竭其智、尽其能地为国家效力。可以说，唐太宗在这方面也做得相当成功。

3. 知人善任，量才授职

唐太宗深谙"尺有所短，寸有所长"的道理，所以，在用人问题上，既能不拘一格，又不求全责备，根据属僚群臣的不同特点，作出准确的定位，用其所长避其所短，从而使不同类型的人才皆得其所，让他们的才能得到尽可能地发挥，心情舒畅地履行自己应尽的职责。

唐太宗即位之初，命令封德彝荐举贤才，可很长时间过去了，封德彝也没有选荐一个人。唐太宗诘问他为什么不推举人才，封德彝说他已经作了努力，但确实没有发现德才兼备的人才。唐太宗十分气愤地怒斥道："用人就像使用器物，各取所长罢了。难道古代的致治名君，都是借用前代的人才吗？你自己不能了解别人，怎能妄说天下没有人才呢？这是对天下人的诬蔑！"

他还强调说："人不可能全知全能，我在用人的时候就常常扬长避短"。实际上，他任用房玄龄、杜如晦、戴胄等人，就是明证。

唐太宗看到房玄龄善于用人的才能，时常让他为自己举荐贤才。房玄龄在用人时从不求全责备，也不用自己的长处去衡量别人，总是按照才能的高低或功绩的大小加以录用、奖励，而且不嫌弃出身低微的人，得到了太宗的称赞。对于杜如晦，太宗注意发挥其善于分析问题，能够果断决策的长处，让他与房玄龄相互配合，共掌朝政。两人配合默契，深得时人的称赞。戴胄的长处是性情忠直、办事公正，短处是读书不多，不通经史。太宗就扬长避短，任命他为大理少卿。由于戴胄处事干练，案无滞留，而且敢于犯颜执法，甚至太宗量刑有失偏颇时，他都大胆指出，太宗赞叹地说，"法律有失公正的时候，有戴胄来纠正，我就没有什么忧虑了！"

在使用权万纪时，唐太宗不仅能看到他的长处，而且还没有因为他某一方面的缺点而否定其长处。权万纪好私下告状，他上书劾奏宰相房玄龄、王珪主持考评不公正。唐太宗让人调查，发现证据不足，王珪也不服气。魏徵奏言唐太宗说："房玄龄、王珪都是当朝重臣，即便是他们在考评时有私心，权万纪也应在考堂上当面指出。当面不说，却背后告状，而又证据不足，这不是真心替国家着想。"

虽然唐太宗对魏徵的意见一向深信不疑，但是，他认为房玄龄是当朝宰相，又是自己最宠信的人之一，权万纪敢于告发他，是不阿谀权贵，精神可嘉。因此，他不但没有处治权万纪，反而对他进行奖励。权万纪以敢于进言得到唐太宗的重用，因此更加肆意恣情，捕风捉影，朝臣们唯恐被他告发，终日惶恐不已。魏徵针对这一情况再次对唐太宗说："权万纪违背秉公直言的原则，所告发都是捕风捉影，严重失实。陛下对他的告发却一一相信，所以他敢附下罔上，钓取不阿权贵、刚强直言的美名，用以迷惑陛下，搞得群臣离心，终日惶惶。像房玄龄这样的重臣都没有机会申诉自己的冤屈，何况一般小臣呢？"

唐太宗认为魏徵言之有理，就将权万纪贬官。权万纪虽然有缺点，但他不阿权贵敢于讲话，而且也比较廉洁。当时，齐王李祐多行违法乱纪之事，太宗便让权万纪任齐王祐的长史，以监督齐王祐，结果权万纪尽职尽责，除向齐王奏谏外，还向太宗汇报齐王的种种不法行为。后权万纪被齐王杀害，唐太宗追赠他为齐州都督、武都郡公，谥曰"敢"。

唐太宗虽思贤若渴，但并不潦草从事，而是从严要求，宁缺毋滥。唐太宗对魏徵说："古人说君王应当因官择人，不能因人设官。朕的每一举动，天下的人都能看到；每一句话，天下的人都能听到。如果用人得当，正直善良的人会相互鼓励；如果用人不当，邪恶的人就会四处奔走钻营。奖赏得当，无功的人会自动退下；惩罚得当，有罪的人会引以戒惧。所以用人要十分谨慎。"魏徵就此引申，指出品德对于官员的重要性，他说："了解一个人，是很难的事，所以要进行考察。如果任用某人，事前务必察访。一个人没有才能，危害并不大；如果此人虽有才干，却又品质恶劣，危害就严重了。所以乱世求才，不顾其他。太平时期，要德才兼备，才可以任用。"因此，唐太宗用人十分谨慎。贞观二十一年（647），唐太宗想提拔李纬为户部尚书，便向大臣询问房玄龄对李纬的看法。大臣说，房玄龄只说了一句"此人的胡须挺漂亮"，再没说什么。唐太宗意识到房玄龄对李纬的德才不赏识，便改授李纬为洛州刺史。

为了发现人才，唐太宗将各地都督、刺史的名字都写在屏风上，坐卧观看，如果哪位做了善事，就在其名下做上记录；做恶事，也在名下做上记录。他认真仔细地观察分析每一位官员的长处和短处，然后量才录用。有一次，唐太宗下令各州向朝廷推荐人才，诸州报举了11人，唐太宗非常高兴，将他们引入内殿，询问治国理民的策略。然而11位被荐举上来的所谓"人才"，相顾结舌，不知如何回答。太宗以为他们第一次入宫见皇帝，过分紧张，又让他们转移至尚书省，进行笔试，但这些人构思了一天，仍然文不对题，词句也庸俗生硬。太宗大失所望，将他们放回原地，不予任用。

由于唐太宗重视人才，唯才是举，所以贞观时期贤相名将辈出，文学家称之为谋臣如雨，猛将如云，单是被太宗列入凌烟阁的特殊功臣就达24位。贞观十七年（643）二月，为了表彰文武大臣在创建唐朝、平定天下和贞观年间的丰功伟绩，唐太宗选定了24人，让宫廷画师阎立本将他们的像绘在太极宫的凌烟阁内，并令褚遂良题写阁名，自己亲自题写赞语。这"凌烟阁24功臣"是：长孙无忌、房玄龄、杜如晦、魏徵、尉迟敬德、李孝恭、高士廉、李靖、萧瑀、段志宏、刘弘基、屈突通、殷开山、柴绍、长孙顺德、张亮、侯君集、张公谨、程知节、虞世南、刘政会、唐俭、李勣、秦叔宝等。后来，侯君集因勾结太子承乾，以谋反罪被杀。便有人建议将侯君集的画像抹掉，唐太宗没有同意，仍然保留了侯君集为国立功的历史。

唐太宗用人不拘一格，关陇贵族、山东贵族、草莽英雄、民间寒士、少数民族"夷狄"将领，得以各显其能。正是这些栋梁之才，用他们的聪明才智，为"贞观之治"做出了巨大的贡献。

4. 虚怀若谷，从谏如流

臣民批评或规劝君主叫做"谏"，君主接受规劝或批评，叫"纳谏"。历史上最善纳谏的皇帝，就是唐太宗李世民。唐太宗集雄才大略和从谏如流于一身，这一点，中国历史上没有一位帝王可与之媲美。他在位期间，兼听群言，从谏如流。群臣在他的影响下，尽职尽责，逆颜谏诤，形成了良好的政治风气。

贞观初年，太宗曾问魏徵："为什么有人成为明主，有人却成为昏君呢？"魏徵说："所以成为明主，在于广泛听取他人意见；所以成为昏君，在于偏信某一些人。这就是兼听则明，偏信则暗。从前，尧舜治理天下，即便是农民樵夫的意见也要听取，所以目明耳聪，无所不知。秦二世偏信赵高，堵塞群言，结果天下溃叛，自己还蒙在鼓中。梁武帝偏信朱异，侯景发动叛乱，竟然不知。隋炀帝偏信虞世基，城破亡国，还不知道为什么。所以，人君应兼听天下，群臣应极力进谏，下情上通，自然能成为明君。"在封建时代，君主对臣下生杀予夺的权力，伴君如伴虎。君主要使臣下无所顾忌，能尽肺腑之言行，就要有容人之量。魏徵的话，深深打动了唐太宗。

唐太宗英俊刚毅，上朝时威容严肃，不苟言笑，武将晋见，都会手足无措，顾忌重重，唯恐触犯龙颜。为了减轻官员的心理压力，唐太宗便和颜悦色地对臣下说："人要正衣冠，必须依靠镜子，君主要知道自己的不足和过错，必须依靠诤臣。君主如果自以为是，刚愎自用，臣下又不及时匡正，想不败亡是不可能的。古人说'皮之不存，毛将焉附'，如果君主失去了国家，大臣也难以免遭灾难。因此，臣下应犯颜直谏。隋炀帝暴虐无道，臣下闭口不语，使他从来看不到自己的过失，所以很快就灭亡了。前事不远，后事之师。你们对君主的每一件事、每一句话都要分析，凡有不利于人民和国家的，必须规劝。"

贞观二年（628），唐太宗反思历史，对大臣说："圣明的君主找出自己的短处反而更加英明，昏庸的君主掩盖自己的短处反而更加愚昧。隋炀帝自以为是，护短拒谏，臣下便不敢进谏了。从前，箕子见商纣无道，谏而被囚，假装疯癫才得以保全性命，孔子称其为仁。虞世基不敢劝谏炀帝，为的是保全自身，炀帝被杀，虞世基不是也难保自身吗？"杜如晦听了，进一步说："天子有诤臣，虽然有过错也不致失去天下。虞世基明知隋炀帝有过错，却杜口无言，苟且偷安。又不辞职请退，与箕子佯狂而去不同。虞世基位在宰辅，竟一言不谏，死有余辜。"唐太宗点头称是，说："如晦说得很有道理。君主必须有忠良之臣的辅弼，才能身安国宁。如果君主言行不当，臣下又不匡谏，苟且阿顺，事事称美，则君为昏君、臣为谀臣，离灭亡已经不远了。朕希望君臣上下，各尽其职，共相切磋，以成就国治民安、天下太平的大事业。各位应务尽忠谏，匡救朕的过失，朕决不会因直言忤逆而迁怒你们。"

唐太宗曾经对大臣萧瑀说："我少年时候喜爱弓箭，曾经得到几十张好弓，就以为天下再也不会有更好的弓了。不久前，拿给制弓的师傅看，他们却说那些都不是好弓。说这些木头的心不直，所以自然脉理都会邪，弓再强硬，发箭也不能直。听了这番话，我才知道自己过去鉴别不精。我当年是用弓箭平定了天下，但还不能真正识别弓箭的好坏，何况治理天下的事情，我怎么能都懂得呢？"

唐太宗非常重视谏官的作用，他任命王珪、韦挺、魏徵等人为谏议大夫，中书、门下及三品以上官员入阁议事，都有谏官跟着，随时纠正过失。唐代谏官包括左右散骑常侍 4 人，掌规讽过失，侍从顾问；左右谏议大夫 8 人，左右补阙 12 人，左右拾遗 12 人，他们出入朝阁，极言切谏，对唐初良好的政治风气的形成起了重要作用。

正因为有唐太宗这样虚怀若谷的君主，才成就了魏徵这样的名臣。唐太宗与魏徵君臣之间的故事一直为后人传为美谈。

贞观二年（628），隋通事舍人郑仁基的女儿年方十六七岁，容貌艳丽，堪称绝代佳人。长孙皇后听说后，请求将她留在后宫，太宗也同意纳为妃嫔。就在诏书已经发出，但册封的使者尚未出发的时候，魏徵听说郑仁基的女儿已许嫁给陆爽，急忙劝阻太宗说："陛下作为百姓的父母，抚爱百姓，应该以百姓的忧虑为忧，以百姓的欢乐为乐。自古以来，有道义的君主，都把百姓的心愿作为自己的心愿，所以君主住在亭台楼阁，就想到百姓应有房屋安身；君主吃着美味佳肴，就想到百姓应该没有饥寒交迫；君主眷顾妃嫔之时，就要想到百姓也有娶妻成家的欢乐。这是作为国家的君主应当经常想到的道义。现在我听说郑氏的女儿，很久以前就许配给了别人，陛下毫不迟疑地聘娶她，也没有询问她的情况，这件事传播到全国各地，难道是作为百姓父母的国君应该有的道义吗？我知道的只是传闻，并没有亲自调查验证，但因为怕它会损害圣上的形象，所以不敢隐瞒实情，急忙谏止。何况君王的一举一动，史官都会记录下来，所以，愿陛下深思。"

太宗听了魏徵的话，非常吃惊，深深自责，紧急下诏，立即停止派遣册封的使者，下令将郑女送给其未婚夫。这时，左仆射房玄龄、中书令温彦博、礼部尚书王珪、御史大夫韦挺等反对说："传说郑女许嫁给陆氏，并没有明显的证据，况且诏书已下，大礼即将举行，不能中途停止啊。"这时，陆爽担心冒犯皇上，自己上表说："我的父亲陆康在世时，与郑家来往，有时互相馈赠资财，但却没有订立婚姻关系，外人不知道实际情况，才妄传已订立婚姻。"

大臣们见陆氏否认婚姻之约，又劝太宗迎聘郑女，太宗犹豫不决，就问魏徵："群臣这样劝说，也许是讨好我，但是陆爽为什么否认婚约呢？"魏徵说："按照我考虑，陆爽的意思可以理解，他是把陛下等同于太上皇。"太宗说："这是什么意思呢？"魏徵说："从前，太上皇刚进京城，遇到辛处俭的妻子，有所爱慕。当时，辛处俭为太子舍人，也在宫中。太上皇知道后很不高兴，就下令将辛处俭调出东宫任万年县令。辛处俭因此怀有恐惧之心，经常担心不能保全性命。陆爽认为陛下今天虽然宽容了他，但以后会对他暗加谴责贬官，所以再三自我表白，本意就在这里，并没有什么可奇怪的。"太宗笑着说："外人的想法或许这样，然而我所说的话，还不能使人一定相信吗？"于是发出诏书说："现在听说郑氏之女，过去已经接受别人礼聘，先前发出诏书的时候，对此事没有详细审查，这是我的错误，也是有关官署的过失。迎聘之事，就此停止。"人们听说后，无不感慨太宗的圣明。

越王李泰是太宗四子，非常聪敏，很得太宗喜爱。太宗听说三品以上的官员都轻蔑越王，便在齐贤殿面见三品以上的官员，大家坐定，太宗大怒说："我有句话要对你们说，往年的天子是天子，今天的天子也是天子，往年的天子儿是天子儿，今天的天子儿难道不是天子儿吗？隋朝的诸王，达官以下，任其折辱。我的儿子，自然不允许他放纵，你们才这般好过。我如果放纵他们，难道不能折辱你们吗？"房玄龄等文武高官，个个胆战股栗，不敢吱声。只有魏徵却严肃地说："当今群臣并没有轻视越王。从礼法上讲，越王虽然年幼，位在诸侯之上。今三品以上的公卿都是天子大臣，陛下对他们也十分敬重。即使稍有过失，越王凭什么折辱他们？如果国家纲纪废坏，情况另当别论。当今圣明之时，越王岂能如此？隋朝时，宠纵诸王，使其无礼，自寻灭亡，不可效法，又有什么可称道的呢？"太宗认为魏徵言之有理，就说："朕刚才所讲，出自对儿子的爱护。魏徵所说，是国家大法。朕刚才发怒，还自以为有理。听到魏徵的话，才知道自己错了。"

由于魏徵对唐太宗的批评毫不客气，太宗对他既尊敬又畏惧。一次，太宗要去南山，临行之际，魏徵外出归来，太宗又决定不去了。魏徵对太宗说："人们都说陛下要临幸南山，外面都严阵以待，整装待发，您又突然不去了，这是为什么？"唐太宗说："开始确有这个打算，可又怕你批评，所以中途停止了。"

唐太宗喜爱雀鹰，常将它放在臂膀上玩耍，有一天，太宗正在玩耍一只鸟，突然看见魏徵走来，太宗怕魏徵说他玩物丧志，急忙将鸟藏在怀里，魏徵装作没有看见，故意拖延奏事的时间。等魏徵离开，鸟已经憋死在太宗怀里了。

贞观年间，天下太平，国泰民安，群臣议请到泰山封禅。因为古代帝王中的功高德厚者，都要东封泰山，秦皇汉武都曾多次封祭。对于此事，只有魏徵认为不可。太宗问魏徵："希望你直说，别避讳。难道我功不高吗？德不厚吗？国家没治理好吗？五谷不丰收吗？为什么不可以封禅？"

魏徵说："陛下虽然功高，但百姓还没有从中受到恩惠；德虽厚，却还没有被泽天下；天下虽然安定，隐患并未消除；四夷虽然归附，却没有满足他们的要求；吉兆虽已出现，自然灾害仍然很多；五谷虽然丰登，仓库尚不充实。这是我认为不可的理由。我不能拿远的相比，就用一个人作比喻吧。有一个人患病10年，刚刚治愈，虽然皮骨犹存，并无力气，让他背负一石重的东西日行百里，必然不可。隋朝的祸乱，不止10年，陛下好像良医，刚刚将病乱医治过来，尚未将社会恢复到健康发展的轨道，此时就告天地，称成功，臣以为不可；况且东封泰山，各国都要派使者祝贺，如今关东一带刚从动乱中平静下来，苍茫千里，人烟断绝，鸡犬不闻，如果周边国家前来，岂不是将自己的虚弱告诉别人吗？如果遇到水旱灾害，百姓产生邪念，一旦有变，后悔就来不及了。"唐太宗静静听完后，称赞魏徵说得颇有道理，最终放弃了封禅泰山的劳民伤财之举。

　　唐太宗的儿子蜀王恪有个十分宠爱的妃子，其父杨誉凭着这层关系，肆意妄为，甚至在京城公开争夺官奴婢，都官郎中薛仁方依法将杨誉拘留审问。杨誉的儿子正巧是唐太宗的侍卫官，就在殿廷上对唐太宗说："古人说'礼不下庶人，刑不上大夫'，五品以上的高级官员，如果不是犯谋反罪，一般不得拘留。我父亲因和陛下有亲戚关系，被薛仁方节外生枝，拘留审查，打狗尚且看主人，况且是陛下的亲戚呢！"唐太宗听后，勃然大怒，下令将薛仁方革职，并将他痛打一顿。

　　魏徵挺身辩护说："薛仁方身为司法人员，为国守法，是忠于职守，怎么能因为他拘留违法的外戚而对他妄加刑法呢？有些外戚自恃权势，目中无法，就像是城狐社鼠，危害不浅，如果因他们是外戚，投鼠忌器，不予惩治，这是自毁堤防，后果不堪设想。"唐太宗深感自己考虑不够周全，取消了对薛仁方不公正的处理意见。

由于魏徵处处为国家利益着想，直言敢谏，唐太宗常常觉得很尴尬，脸上无光而又无可奈何。有一次，在被魏徵指出过失后，太宗退朝回到宫中，见到长孙皇后，怒气冲冲地说："总有一天，我要杀掉这个乡巴佬！"长孙皇后问杀死谁，唐太宗说："魏徵常常当众顶撞我，使我下不了台，真是可恶！"长孙皇后听完就退了出去。过了一会儿，只见她穿着礼服，恭恭敬敬地走上前来向太宗道贺。唐太宗很诧异，长孙皇后说："我听说，君主圣明，臣子才敢直言进谏；今天魏徵敢直言进谏，就是因为陛下圣明，既然这样，我怎么能不向陛下道贺呢？"唐太宗听了皇后委婉的批评，怒气就慢慢消下去了。

贞观时期，由于魏徵多次进谏诤言，使得唐太宗避免了很多政策失误，唐太宗对魏徵十分信赖甚至依赖。魏徵病重时，唐太宗得知魏徵家连正厅都没有，当即把自己建楼的材料用来替魏徵造正厅。还排派人送去被子和白色的衣服，成全他一贯的朴素节俭。魏徵死后，唐太宗亲自到他家里，哭得十分伤心。追赠魏徵为司空，谥号文贞，还亲自为他撰写碑文。唐太宗临朝时对群臣说："用铜做镜子，可以端正衣冠；用古事作镜子，可以明白兴衰；用人作镜子，可以明白得失。过去我常常注意保持这三面镜子，谨防自己犯过失。现在魏徵去世，我失去了一面镜子啊。"魏徵能够大胆进谏的前提，是唐太宗的虚心纳谏，君臣两人配合默契，成为贞观之治得以实现的重要条件之一。

后来，宋神宗锐意改革，而当时王安石的改革决心很大。宋神宗终于见到了王安石，第一句话就说：你来做魏徵，我来做唐太宗。

正因为唐太宗能够如饥似渴地纳谏，所以，贞观时期，除了魏徵之外，其他大臣们，也都敢于直言进谏。

贞观三年（629），李大亮为凉州都督，境内产名鹰，唐太宗的使者来州内巡视，他知道太宗喜欢游猎，便示意李大亮向太宗进献名鹰。李大亮不但不进献，还上书太宗说："陛下日夜为国操劳，很久没有田猎，今使者为陛下求鹰，如果是陛下的旨意，我认为陛下不应该如此；如果是使者擅自所为，则是陛下遣使不当。"唐太宗回信说："你文武兼备，才委以重任。使者暗示献鹰，你不屈从，不阿谀，不隐瞒自己的观点，非常诚恳，有你这样的大臣，我就没有顾虑了。古人说一言千金，卿之所言，何值千金？今赐金壶、金碗各一枚，虽无千金之重，却是朕自用之物，希望能志在远大，再接再厉。同时，赐荀悦的《汉纪》一部，望能在闲暇的时候，阅读典籍，对你可能有所帮助。"唐太宗这封回信，既表明接受了李大亮的劝谏，同时又对臣下的关心备至。

张玄素也是一个敢于进谏的大臣。贞观四年（630），太宗下令修复洛阳宫，给事中张玄素认为修复洛阳宫并不是最紧要的事情，上书反对。他对太宗说："秦始皇剪灭六国，一统天下，想要传之万世，却二世而亡，这是为什么？这是奢侈无度，赋役繁重，百姓不能承受。只有俭约从事，宁事息民，才能使江山永固，长治久安。从前汉高祖刘邦要营建洛阳，大臣娄敬只说了一句话，刘邦就改变了主意。我听说隋炀帝修宫殿，装饰华丽，曾用2000人拉一根大柱，从几千里以外运到洛阳，这样劳民伤财，给百姓造成非常大的苦难。遗憾的是阿房宫修成，导致秦亡；乾阳宫修成，导致隋亡。如今，战乱刚刚结束，我朝的财力不如隋朝，人民的元气也还没有恢复，满目疮痍，百废待兴，陛下理应以身作则，节之以礼。陛下却先忙着修缮洛阳宫，这不是比隋炀帝还贪暴吗？望陛下三思而行。"唐太宗听到张玄素拿自己与隋炀帝相比，很不高兴，说："你认为我还不如隋炀帝，那么我比桀、纣如何呢？"张玄素说："如果这个工程不停止，陛下一定会得到和隋炀帝、夏桀、殷纣一样的下场的。"这番不客气的批评让唐太宗听起来很不舒服，但思前想后，还是觉得张玄素的话有道理。他感叹地说："按玄素这么说，就算露天坐卧，我也没有什么可痛苦的了，我考虑不周到，你说的很对。"于是立即下令停止修建洛阳宫殿。而张玄素也因及时合理的劝诫，受赏彩缎二百匹。

一次，李世民宴请黄门侍郎王珪，让庐江王李瑗的爱姬侍奉。这位美人本有夫君，庐江王贪其美色，将其丈夫杀掉后霸为己有。庐江王谋反被杀，这位美人又被纳入太宗的后宫。宴乐之间，太宗指着美人对王珪说："庐江王真不道德，杀掉她的丈夫，强纳入室，残暴如此，哪能不灭亡呢？""庐江王所作所为，是对？还是错？"王珪问太宗。"杀人夺妻还有对的吗？你明知故问，是什么意图？"太宗说。"知善而行，知恶而改，是做人的基本准则。陛下认为庐江王杀夫夺妻不对，为什么又将这位美女留在身边，这叫做知恶而不改啊。"唐太宗听后，后悔莫及，下令将美人送还给她的亲属。

濮州刺史庞相寿因为贪污被罢了官，他想凭借自己在朝中的地位请求太宗的宽恕，就跑到唐太宗那里，说自己以前多年在秦王府跟随唐太宗东征西讨打天下，而今天下已定，自己却落得这样的下场，希望太宗能看在过去的份上，不要降罪于他。唐太宗念及旧情，对他十分同情，打算恢复他的官职。魏徵坚决反对。他对唐太宗说："过去秦王府的人，现在朝中官居要职的非常多，如果人人都凭借着旧关系要求法外开恩，谁还肯好好做事呢？"唐太宗听了魏徵的意见也觉得有道理，就对庞相寿说："我过去做秦王，不过是秦王府的主人；现在做了君主，就是天下的主人了，不能偏袒老朋友啊。"说完后赏给庞相寿一些缎帛，打发他走了。

由于太宗的大力倡导，甚至连一些地方小官也敢于说出自己的意见。栎阳县丞刘仁轨认为，唐太宗在秋收大忙季节出去打猎，觉得不合抚民以静的治国策略，就上书要求将畋猎时间改在冬闲的时候进行。唐太宗觉得很有道理，不但采纳了他的意见，还予以提拔，表示鼓励。

贞观十一年（637）十月，唐太宗在洛阳围猎野猪，合围之后，野猪向太宗这边突围，太宗一箭一头，四头野猪当场毙命。但是，一头雄野猪凶猛迅捷，已经突进到唐太宗的马镫旁边。兵部尚书唐俭一见，立刻手忙脚乱上来援助，还没有等他到来，唐太宗手起刀落，那头野猪断为两截，而这时的唐俭则是狼狈不堪。唐太宗哈哈大笑，说你这个天策府的长史，没有见过我这个天策上将杀敌吗？为什么这么胆小？唐俭也不示弱，说马上打天下不能马上坐天下，陛下以神武定天下，现在又跟一头野兽逞威风，有这个必要吗？那时候的唐太宗不仅雄姿英发，而且心胸开阔。他对唐俭说："好，你说得对，咱们这就罢猎。"

通过虚心纳谏，使身居尊位的唐太宗可以了解各方面的情况，避免和防止了一些决策上的失误。同时，也正是太宗的虚心纳谏，才造就了一个个敢于犯颜直谏的忠臣，形成了良好的政治风气。

5. 讲究诚信，君臣和谐

作为一代明君，唐太宗十分懂得君臣和谐的重要性。要建立良好的君臣关系，他认为一个重要的方面就是信任臣子。他坚持用人不疑，疑人不用的原则，对贤能之士十分信任。

唐太宗即位之初，曾召景州录事参军张玄素进宫问政，张玄素说："隋朝的皇帝自作主张，独自处理日常政务，而不将国家事务委任给群臣；群臣内心恐惧，只知道秉承旨意加以执行，没有人敢违命不遵。但是，凭借一个人的智力决断全天下的事务，即使得失参半，乖谬失误之处也在所难免，加上臣下谄谀，皇上蒙蔽，国家的灭亡就不远了！陛下如果能谨慎地择取群臣的意见，让他们各司其职，自己拱手安坐，清和静穆，考察臣子的成败得失，并据此实施刑罚赏赐，国家一定能够治理得好！"张玄素建议唐太宗能让群臣各司其职，各负其责，不要过多干预，以发挥臣子的积极性，避免隋朝的覆辙。唐太宗十分赞赏张玄素的建议，并且付诸实施。

自古以来，不少君王的一个通病，就是用人多疑，因而使得君臣之间往往不能肝胆相照、相互信任。贞观初年，唐太宗曾对近臣说："朕认为前代的谗佞之徒，都是损国害民的蟊贼，有的巧言令色，结党营私；有的主上昏庸，被人迷惑，以致忠臣孝子流血含冤。朕防微杜渐，以绝谗言，恐怕力不从心，还望各位大臣时时提醒，以免祸端。"奸佞小人是贤能之士施展才华的最大阻碍，因此斥小人，杜谗邪就显得尤其重要。唐太宗不愧是一代明君，他对奸佞小人的危害看得很清楚，把任用小人比作养恶草，指出养了恶草会对好谷子有伤害。他还引用北齐和隋朝的历史教训，说明群小之徒诽谤君子，谗害贤臣给国家造成的危害。由于唐太宗对谗言有所警惕，致使一些诬告未能得逞。

贞观三年（629），监察御史陈师合上《拔士论》，声称房玄龄、杜如晦的思虑有限，不可让他们总理一切，企图排斥房、杜的宰相地位。唐太宗说："朕以公心治理天下，任命房玄龄、杜如晦并不是因为他们是我的老部下，是因为他们有才华。陈师合无事生非，妄加毁谤，企图离间我们的关系。从前蜀后主刘禅昏弱无能，诸葛亮所以能鞠躬尽瘁，死而后已，是因为不相猜忌。朕如今任用房玄龄、杜如晦等，也是如此。"

于是，唐太宗将陈师合流放到岭南。事后，唐太宗对房玄龄、杜如晦说："朕听说自古以来成就大事业的帝王，都是上下一心，依靠股肱大臣的力量。如果君主猜疑臣下，就不能上通下达，想使臣下尽忠，岂不困难？如果有人故意谗毁，破坏君臣关系，就应当以他谗毁别人的罪名惩治他。"

当然，贤能之士毕竟不是神人，有时难免小的失误和过失。居心叵测的人往往抓住不放，借机毁谤。对这种情况，唐太宗看得很清楚，态度也十分明确，总是竭尽所能保护贤能之士。比如，魏徵、温彦博在处理政务的过程中，都曾犯过一些小的过失，有人据此上奏太宗弹劾他们。太宗对这些奏章丝毫不理，对魏徵等人的信任却不曾改变。这样一来，魏徵等人就能够安心任事，充分发挥治国的才华。

一次，唐太宗问曾在隋朝担任大臣的房玄龄和萧瑀说："隋文帝作为一代君主怎么样？"两人回答说："隋文帝勤于治理朝政，有时临朝听政，会一直延长到日落西山的时候。五品以上的官员，围坐论事，卫士传送餐饭。虽然他品性算不上仁厚，但可以称得上一个励精图治的君主。"唐太宗不赞同这种说法，对他们说："你们只知其一，不知其二。隋文帝是一个不十分精明而且喜欢苛察的人，因为他不精明，所以使得君臣上下不能通融一气，因为他苛察，所以对事物多有疑心，所有的事都自行决定，而不信任群臣。天下如此之大，他一个人日理万机，费心劳神，难道能每一事都做得合乎情理吗？群臣既然已经明白主上的意见，那么就只有无条件接受，即使主上出现过失，也没人敢争辩纠正，所以隋代到了第二朝就灭亡了。我就不是这样。选拔天下的贤能之士，让他们分别担任文武百官，让他们考虑天下大事，然后汇总到宰相处，宰相深思熟虑，然后才上奏到我这里。这样，有功则行赏，有罪则处罚，谁还敢不尽心竭力，各司其职守呢？这样一来，何必担心天下治理不好呢？"房玄龄和萧瑀听后深以为然，心中庆幸遇到了明君。

贞观十三年（639），有人诬告尉迟敬德企图谋反。唐太宗不但不信，还将此事告诉了他。敬德听后，脱下衣服，露出满身伤疤，对唐太宗说："我跟随陛下徵战四方，身经百战。现在天下安定了，难道陛下要怀疑我吗？""请赶快穿上衣服，我不相信诬告，才将此事告诉你，你何必恼怒呢？"唐太宗流着眼泪动情地说。几天后，唐太宗为了表示对尉迟敬德不疑，决定将女儿嫁给他。尉迟敬德一边叩谢，一边说："臣的妻子虽然年老珠黄，但与我同甘共苦多年。臣虽然没有学问，不知书达礼，也知道富不易妻的古训。我实在不愿接受陛下的厚爱。"唐太宗感到尉迟敬德言之有理，不再勉强。

贞观十七年（643），萧瑀因为自己不受重用，嫉妒房玄龄，诬告房玄龄交结朋党，把持朝政，提醒皇上明察秋毫，以防被他们蒙蔽。但太宗深信房玄龄的为人，并没有因为萧瑀的话而怀疑房玄龄。相反，他严厉地批驳了萧瑀的诽谤，使其不敢再挑起事端。

由于唐太宗知人善任，用人不疑，君臣之间、臣子之间都能从国家大局出发，相互信赖无猜，精诚团结。因此，贞观时期的大臣，多数都是鞠躬尽瘁，尽职尽责。

中书令岑文本，虽贵为中书省的长官，但住的房子又小又湿，家里甚至连帷帐这样的东西都没有。有人劝他经营一点产业，产业就是家业。岑文本说，我没有什么功劳，仅仅因为写文章就担任了这么重要的官职，这已经让自己很担心了，哪里有心思搞什么产业。他想的不是自己的家产，而是自己是否对得起这个重要的职务。中书省的机密最多，因为任何重大的事情首先是中书省知道，皇帝的什么想法，也总是先通过中书省草拟诏敕。在当中书令之前，岑文本当中书侍郎多年。如果要经营产业，他早就有机会。但他一心考虑的是朝廷大事。户部尚书戴胄是国家财政经济的一把手，国家的预算、决算、税收、土地、人口等都在他管辖范围之内。他去世的时候，因为家里房屋又破又小，没法设堂祭奠。李大亮曾任左卫大将军、太子右卫率和工部尚书，还担任过剑南道巡省大使和凉州都督。他死的时候，家里没有朱玉可以作为口含之物，只有米 5 石，布 30 端（5 丈为 1 端）。朝廷给他的赏赐，他不据为己有，而是发给亲戚和下属。他抚养的孤儿，与他如同父子的就有 15 人。

可见，贞观时期，皇帝对待大臣信任有加，大臣对皇帝和朝廷尽心尽力。上下合力，共同造就了贞观之治。

八、健全法制　依法治国

贞观四年（630），唐太宗创造了中国封建社会的奇迹，这一年，全国被判处死刑的，只有29人——可谓"天下无贼"。几乎达到了封建社会法制的最高标准——"刑措"，即可以不用刑罚。这一奇迹的产生，得利于健全的法律制度，可以说，贞观之治得以实现的重要保障就是法治。

1. 重视立法，修订《唐律》

人类社会中，人们的行为规范是以道德为基础的，大多数人不会受到法律的制裁。法的出现，就是为了惩治不受道德约束、为非作歹的人。

李渊进入长安后向关中父老约法12条，以争取各阶级、各阶层的支持。武德初年，李渊又宣布废除隋朝的《大业律》，下令重新修订法律。裴寂、萧瑀、刘文静等在隋《开皇律》的基础上，修成新法《武德律》。

贞观初年，朝廷围绕教化和刑威展开了争论。封德彝主张威刑严法以整治天下，他说："秦朝严刑峻法，汉朝杂以霸道，都是形势所造成的。如今是大乱之后，法制紊乱，隋朝的弊政还未消除，只有威刑严法，才是立国之本。"

魏徵主张实行仁政，慎刑宽法，他说："从前，黄帝征蚩尤，高阳征九黎，商汤逐夏桀，周武伐商纣，都是在大乱之后，都以仁政致天下太平，所以治国之本在于仁恩，宽仁恤典，慎用刑法，必能大治。"唐太宗采纳了魏徵的意见，后来唐太宗曾经回忆说："贞观初年的时候，人们的议论纷纷，说当今根本不可能实现帝道、王道，只有魏徵认为可以。我听从了他的劝说，过了不到几年，就实现了华夏的安宁，边境的降服。"唐太宗令长孙无忌、房玄龄等以隋文帝开皇年间修的《开皇律》为蓝本，以李渊的《武德律》为基础，本着删繁就简、以轻代重、宽仁慎刑的思想，历时 10 年，于贞观十一年（637）制成《贞观律》，从而奠定了整个《唐律》的基础。

《贞观律》是一部体制严谨、内容完整的封建法典，亦称《唐律》。《贞观律》共 30 卷，律文 502 条，分为 12 篇。第一篇是《名例律》，共五 57 条，是关于刑法的种类及其适用范围的一般性规定，是整部律法的总纲部分，相当于现代的刑法总则。第二篇是《卫禁律》，共 33 条，是关于宫廷警卫和守卫关津要塞的相关规定，其目的在于确保皇帝的尊严和人身安全，以及严禁私度关津要塞等。第三篇是《职制律》，共有 59 条，主要是关于惩治官吏违法失职的相关规定，主要内容是对玩忽职守、官署设置过限等罪行的处罚，尤其严惩贪赃枉法的具体规定。第四篇是《户婚律》，共 46 条，主要是关于户籍、田宅、赋役和婚姻家庭方面的规定，其主要内容有严格保护国有土地和私有土地的所有权，严禁欺瞒户口、逃避赋役，维护封建的婚姻家庭关系等等。第五篇是《厩库律》，共有 28 条，主要涉及牲畜、仓库管理方面的有关规定，它的目的是保护官有财物不受侵犯。第六篇是《擅兴律》，共有 24 条，主要涉及士兵徵集，军队调动及兴造方面的有关规定，主要内容为严禁擅自发兵、严惩贻误与泄漏军机的行为，以及禁止随意兴造等。第七篇是《贼盗律》，共 54 条，主要涉及保护个人的生命财产不受侵犯的法律规定，主要内容包括对谋反、谋大逆、谋叛罪等等危害国家和皇帝特权和人身安全等犯罪的严惩，以及对其他危害生命安全犯罪的严惩，特别是对窃盗、强盗、监守自盗等盗窃行为和买卖人口的严惩。第八篇是《斗讼律》，共有 60 条，主要涉及斗殴伤人和控告、申诉等方面的法律规定，其主要的内容包括斗殴犯罪和诉讼方面的规定等。第九篇是《诈伪律》，共有 27 条，主要是关于惩处欺诈和伪造内容的法律规定。第十篇是《杂律》，共有 62 条，主要涉及不能编入其他篇的犯罪行为的法律规定，主要内容涉及买卖、借贷、市场管理以及男女奸情等方面。第十一篇是《捕亡律》，共有 18 条，主要涉及追捕逃犯、捕捉罪人和逃避兵役及徭役的兵员、役丁等法律规定。第十二篇是《断狱律》，共有 34 条，主要涉及司法审判和监狱管理等方面的法律规定。

唐高宗永徽年间，宰相长孙无忌又奉旨对《贞观律》进行了逐条的详细解释疏证，于永徽四年（653）颁行天下，这就是现存的我国最早最完整的封建法典——《唐律疏议》。这部法典承上启下，内容完备，不仅成为后世历代封建王朝的法律范本，而且对朝鲜、日本等国的律法产生了重大影响。因此，《唐律》被称为世界五大法律体系之一的中华法系的代表，在中外法制史上占有重要的地位。

除了《唐律》之外，还有令、格、式三种内容："令"是有关国家制度方面的具体规定，"格"是内外官署衙门进行行政事务的规范，"式"是国家机关的办事细则和公文程式。"律"则是对违反令、格、式和各种犯罪者的判处规定。因此，四者以律为主，相辅相成。

2. 宽仁慎刑，稳定简明

"宽仁慎刑"是儒家的主张，就是以从宽处罚为立法的原则，与法家的严刑峻法、杀一儆百的思想是对立的。孟子的"仁政"学说对唐太宗的政治法律思想影响很大，他指出："治理国家的道理，必须用仁义来安抚百姓，向百姓展示威信，体量百姓的心思，而不用苛刻的刑罚。"唐太宗还从秦、隋的灭亡之中得出了结论，认为"古来帝王以仁义来统治的，国运就会长久，用法律来统治的，虽然能够救弊于一时，但败亡也很快"。因此，他把立法的宽严同王朝的兴亡联系在一起，多次提出要以礼制律、礼刑相辅。在这一思想指导下，《唐律》比以往的刑律简约，仅死刑就减去了一半，与隋《开皇律》相比，减死刑为流刑92条，减流刑为徒刑71条，同时还废除了鞭背、断趾等酷刑，变重为轻，不胜枚举。

贞观元年，唐太宗在修改唐律之初，就告诫侍臣们说："死者不能够再生，所以用法必须要宽简。古人说：卖棺材的人，希望别人遇到灾疫，不是希望别人都得病，而是希望自己有棺材卖得出去。今天，行使司法权力的官员必须要事实确凿才能定罪，不能为了上报考课的需要，随便治罪于民。"

房强的弟弟因为对朝廷不满，阴谋反叛，但还未采取行动就被朝廷发觉。按照法律规定，尽管还没有行动，犯人也要被处死。

房强虽然毫不知情,但是按照兄弟连坐的法律规定,他也要被处死。唐太宗在审查这个案子的时候,非常同情房强。他认真考虑后对房玄龄说:"谋反有两种,一种是兴师动众地已经有行动;一种是讲几句反叛的话,而没有行动,这两种情况应该区别开来。"随后,唐太宗就让房玄龄把言论罪和行动罪区别开来分别对待,规定只有言论没有行动的罪犯,他的弟兄不必实行连坐的处罚。

在宽仁慎刑的立法原则之下,为了保证法律条文在量刑上的准确性,唐太宗又强调法律条文的统一,防止执法官员利用法律条文之间的矛盾漏洞进行舞弊。并且重视法令的相对稳定性,《贞观律》自其制定之后,虽然经过了后来几代皇帝的修改,但其指导思想以及大体的框架内涵都没有发生根本的变化,可以说,《贞观律》在其制定的时候,已经具备了相当成熟的法理思想。

贞观十一年(637),唐太宗对侍臣们说:"诏、令、格、式,这些法律条文如果不能统一稳定下来,那么人心多有疑惑,就容易生出奸诈。汉高祖日理万机几乎没有机会顾及法律的制定,大将军萧何只不过是出身于刀笔小吏,但是他们一旦制定了法律之后,还要统一执行,不是经常进行变动,今天我朝百官这样严谨地制定出法律,颁布了各项诏令,既然这样,就应该把它们作为永远遵循的律文,不得轻易更改。"唐太宗希望大臣们能像当年萧何那样,使修订后的唐律也能像汉律九章那样统一,从而防止执法官员利用漏洞进行舞弊,消除轻罪重判、重罪轻判等弊病。唐太宗所提出的立法统一性的原则,是保证量刑准确性的前提之一。而且在唐律中明文规定:"所有的罪行都需要详细引据律、令、格、式的正文,如果不这样做的话,要收到笞打30的惩罚。"由此可见，唐太宗强调的立法统一性原则的目的在于按律定罪，即为犯罪行为的惩罚提供法律条文上的准确根据。

贞观十年（636），唐太宗对大臣们说："法令不可以总是改变，总是改变的话就会烦乱，执行法律的官员不能全部记住，而前后会有差违，这样奸猾的官吏就能够为非作歹，自今以后，如果确实需要对原来的律文进行改动的，都应该慎重地进行。"

虽然太宗提出了法律不可以常常改动的原则，但是当客观实际确实发生变化，并要求更改法律以维护新的社会关系时，唐太宗也主张对已有法律作出适当的修改，他认为这样做是谨慎地制定法律所必需的。《唐律·户婚》中有这样一条法律条文："各种不便于时的律、令、式，都需要由尚书省审议，然后上奏，如果有不合时宜的律文，而尚书省不审议并上报，而自行更改的，犯有此项罪行的官吏要被处以两年的徒刑。"这里所说的尚书省议定是指由尚书省召集七品以上的京官，集体讨论评定，然后再上奏皇帝裁定。可见，修改法律，需要详细审议后上奏，经过皇帝批准后，所做的修改才能生效；不经过讨论而上奏的，将给予徒刑两年的严重处罚。

3. 严格执法，引咎自责

立法是制定法律，司法是法律的贯彻执行。贞观年间，依法办事良好局面的出现，在于有完备的司法机构和完善的审批程序。

唐代中央的司法机关是大理寺、刑部和御史台，三者各有所司，遇有重大案件，则由三个部门的长官联合会审，称为"三司推事"。

大理寺，置大理卿1人，从三品。其职责是处理疑难案件，平反昭雪冤案和公平审理大案。大理卿之下有少卿 2 人，协助大理卿治事，大理寺的属官有大理正 2 人、丞 6 人、主簿 2 人、录事 2 人、狱丞 4 人、司直 6 人，各自都有不同的分工和任务。各州县判决的死刑，要到大理寺复审核准。大理寺有权驳回审判不当的案件。刑部，为尚书六部之一，长官称刑部尚书。刑部下辖刑部、都官、比部、司门四司。依据法律条文对刑犯量罪定刑。御史台，为监察机关，对重大案件，也参与审理，同时还会同刑部复查囚徒。

贞观时期对囚犯的判决，有严格的程序。不许刑讯拷掠、屈打成招。如果法官违法拷讯，处以"杖六十"的刑事处分。还规定拷囚不得超过三次，总数不得过 200。拷满仍不承认犯罪，取保赦放。对于死囚的审判更为严格，一般要三次奏请，后来规定二日五次奏请。贞观五年（631），太宗下诏说："司法机关奏决死囚，虽说是三次奏请，却是一日完结，没有仔细思考的余地，三奏有什么用处。即使有所追悔，也来不及纠正。自今以后，京师各司法机关奏决死囚，应两天内五次奏请。"

贞观初，朝廷开科取士，有人假造资历，给录取带来混乱。唐太宗下令诈伪者自首，否则处死。不久，果然有诈伪者被查出，唐太宗就把弄虚作假者交给大理少卿戴胄负责审理。戴胄根据当时的法律规定，判处这些人流刑。唐太宗听到这个判决结果后大发脾气，质问戴胄说："我下过命令，不主动自首的人就要处死，而你却只判他们流刑，这不是让我言而无信吗？"戴胄镇静地回答说："陛下如果当时查出弄虚作假的人不交给我审讯就杀了他们，我当然没有办法。但是，既然交给我审讯，我只能按照法律的规定来办事啊。"唐太宗更固执己见地说："你自己倒是得到了执法的美名，却让天下人议论我不讲信用！"戴胄辩解说："陛下之前所下的命令只不过是凭一时的喜怒而说出的。而法律是国家向天下公布的最高的行为准则，所以守法才是最大的信用；按照法律办事，就要能够忍耐个人一时的愤怒而保存国家的信誉啊！"唐太宗听戴胄说得有理，自知理亏，不得不自找下台的台阶说："你能这样秉公执法，我还有什么可担忧的呢？"

贞观九年（635），岷州都督高甑生因不服李靖的调度受到李靖的指责，便诬告李靖谋反，结果被流放到荒凉的边境地区。有人向太宗求情说："高甑生是秦王府的旧臣，应从宽处理。"太宗对请求者说："秦王府旧臣的功劳，我自然不会忘记，但治国守法，应当人人平等。如果因旧臣而赦放，一些侥幸之人便会目无法纪。况且，太原起兵时，随从征战立有战功的人很多，如果高甑生获免，其他人就会攀比，有功之人，都恃功犯法，法律就会形同虚设。我所以不赦免高甑生，正是为了维护法律的尊严。"结果，高甑生受到法律的惩治。

唐太宗十分注重法治，他曾说："国家法律不是帝王一家之法，是天下都要共同遵守的法律，因此一切都要以法为准。"作为一位万人之上的君主能够说出这样一番话来，唐太宗不愧是一位开明的皇帝。在大多数情况下，能执法守法，自己违法也能主动引咎自责。

贞观五年（631），张蕴古为大理丞，他的老乡李好德患有精神病，犯病的时候胡说八道，还大骂皇帝，被人告到了官府，唐太宗就让大理寺丞张蕴古审理这个案子。张蕴古经过调查禀报唐太宗说："李好德患有精神病是实情，根据法律不应该判刑。"唐太宗答应可从轻处理。张蕴古却私下将太宗皇帝的旨意告诉了李好德，并与李好德在狱中游戏取乐，被侍御史权万纪告发。唐太宗大怒，下令将张蕴古斩首于长安东市。不久，唐太宗意识到自己未按法律程序办事，以沉重的心情对房玄龄说："你们都是吃国家俸禄的人，理应为国分忧。事无巨细，都应留心。不询问你们就不发表意见，遇事也不谏净，怎么能起到辅弼的作用呢？比如张蕴古一事，蕴古身为法官，与囚犯游戏取乐，又私下泄露朕的旨意，罪责较重。如果依照法律，也不至被处死。朕当时盛怒之下，下令将蕴古处斩，你们竟无一人谏净，有关司法部门也没提出不同意见，就奉旨执行，真是岂有此理！"说罢，太宗脸上流露出愧悔的表情，并下令说："凡有死刑，虽然已下令处决，还需要五次奏请，以免冤杀。"

广州都督党仁弘，勾结豪强，擅敛赋税，私自将当地的少数民族充作奴婢，罪当处死。唐太宗可怜其年老多病，又是晋阳起兵时的元老，便从宽处理，贬为庶人。事后又自觉有违司法尊严，便召集五品以上的官员，当众宣布说："朕以私情从宽处理党仁弘，是混乱法律，有负于天。我将住在南郊的草席庐中，连续三天粗茶淡饭，向苍天谢罪。"众大臣再三劝阻，唐太宗仍固执己见。房玄龄劝唐太宗说："从宽处理党仁弘，是因为他从前立有战功，并不是念及私情。况且天子操有生杀之权，没有必要如此自责。"经再三苦劝，唐太宗才答应不去南郊向苍天请罪，但仍下诏自责说："朕有三罪，一是知人不明，二是以私乱法，三是未能惩恶扬善。"这件事虽然具有作秀的嫌疑，但从一个侧面可以看出唐太宗对法律的重视。

张亮为相州刺史时，他的养子有谶语"弓长之主当别都"，张亮认为"弓长"合起来是自己的姓"张"。不久，有人告张亮收养义子 500 人，阴谋造反。唐太宗召集百官议论，多认为张亮罪当处斩，只有李道裕认为证据不足，不可处斩。太宗盛怒之际，竟下令将张亮处死。不久，刑部侍郎空缺，太宗说："我已有人选了。从前议论张亮的事情，只有李道裕反对处斩，他的看法是公正的。我当时未能采纳他的建议，至今追悔不已。"于是授李道裕为刑部侍郎。

在贞观时期，唐太宗以身作则，带头守法，执法严格，量刑慎重。在他的苦心经营下，社会和谐，经济发展，治安良好，犯法的人少了，被判死刑的更少。贞观王朝的社会秩序好得让人难以置信，是真正的夜不闭户，道不拾遗。贞观四年（630），全国判处死刑的犯人只有 29 人。贞观六年（632）年底，辞旧迎新之际，唐太宗来到长安的监狱，当他看到即将被处死刑的囚徒，顿生怜悯之心。下令让全国的死囚犯（共 390 名）都回家过年，与亲人团聚，等来年秋天再回来来就死（古代秋天行刑）。规定的日期到了，结果死囚犯全部回来报到，无一逃亡。唐太宗为这种信任所感动，就将他们全部赦免释放了。可以想见，当时的场景是怎样的感人。人们称唐太宗是讲人道的明君，不是没有道理。

难道唐太宗就不怕他们逃走吗？其实，一方面这是唐太宗在以心感人。本来，这些囚徒已做好了要死的准备，皇帝竟如此信任他们，很容易就被感化了。另一方面，唐帝国政治清明，社会稳定，人民安居乐业，丰衣足食的人不会因生存链而走险，心平气和的人也不易走极端。而且，在严密的地方组织机构下，依法治国，令行禁止，逃了也很难跑掉。由高度自信带来的信任，使唐太宗能够做出大赦的决定。这件事，被大诗人白居易写进了《七德诗》中，歌颂为"死囚四百（取其整数）来归狱"。

九、偃武修文　盛奖科举

　　唐太宗出身将门，长于乱世，戎马倥偬中，平叛削乱，几乎是无往而不胜。在那段时间里，他基本上无暇读书。在以武力拨乱反正，完成和巩固了统一之后，治理天下由武功转为文治。面对这一现实，魏徵建议唐太宗说："偃武修文，既能安定中国，又能让周边少数民族臣服归顺。"唐太宗欣然采纳了这一建议，他说："我虽然是以武力定天下，但是最终还是要以文德教化海内。文武之道，各自按照适当的时机来应用。"他在位的 23 年间，采取了一系列文治措施，他的"修文"包括以儒家的"仁政"治理天下，积极弘扬儒学，尊崇儒术，大办学校，制订礼乐，编纂史书，盛奖科举等，对唐代社会的稳定和发展起了重要作用。

1. 尊孔崇儒

　　唐太宗升储登基之后，武力夺天下的历史已经结束，急于寻找治国之策的唐太宗对黄门侍郎王珪说："今人治国为何不如古人？"王珪回答说："古代帝王治理天下，都崇尚清静，以百姓的需要为己任，当今却出现了损害百姓来满足自己私欲的迹象，所任用的大臣也并非是满腹经纶的饱学之士。汉代的宰相，无一不精通儒学经典，朝廷有军国大事，都能引经据典，明果断决，所以人人懂礼教，天下太平无事。近代以来，重武轻文，严刑峻法，儒学受到冲击，淳朴的民风遭到破坏。这是今不如古的重要原因。"对此，唐太宗非常赞同。但是，贞观初年的政坛，武官居多，文臣偏少。因此，唐太宗积极提拔精通经史的人做官，百官中文人的数量渐渐增多。贞观二年（628），他对大臣们说："我现在所爱好的，只有尧舜、周公、孔子的治国之道。有了它，就像鸟有了翅膀，鱼有了水；失去了它，则难以生存。"这说明唐太宗自继位以后，留心于典籍，体会到儒家学说可以维护等级秩序，有助于风俗教化，比起那些纯用"严刑"、"峻法"、"霸道"治国的方略，实在是高明得多，对于封建统治，具有妙不可言的作用。所以，马上得天下的唐太宗，为了下马治天下，也埋头经典，热衷文治。

贞观二年（628），尚书左仆射房玄龄和国子博士朱子奢向太宗建议，提高孔子及其门徒在太学中的地位。太宗采纳了这一意见，下令在长安国子监内建孔子庙，称孔子为先圣，以其著名弟子颜回为先师，召集天下大儒赶赴京师，举行隆重的典礼，向孔子顶礼膜拜。贞观四年（630），唐太宗下令全国各州县都建造孔子庙。贞观十一年（637），太宗又下令尊孔子为宣父，在兖州设庙殿，专门拨出 20 户人家维护供养。

唐太宗还下诏对历代名儒与经学大师表示敬仰和尊崇。贞观十四年（640），下诏对梁、陈、周、隋四代的 9 位名儒进行优赏，对其子孙予以荫袭封官。贞观二十一年（647），又下诏将自先秦和魏晋以来的名儒左丘明、卜子夏、公羊高、谷梁赤、伏生、高堂生、戴圣、毛苌、孔安国、刘向、郑众、贾逵、杜子春、马融、卢植、郑玄、服虔、何休、王肃、王弼、杜预、范宁等22位先儒列入孔子庙。这样，儒家先圣孔子和历代名儒的社会生活地位，就得到了极大的提高。

唐太宗即帝位之后，考虑到文学馆只是自己任秦王时的府属机构，十八学士多调任要职，文学馆已没有存在的必要，于是就设置弘文馆，精选天下名儒——虞世南、褚亮、姚思廉、欧阳询、萧德言等人，都以本官兼署学士。散朝之后，太宗将他们引入内殿，讲经论义，商量国事，有的时候到了深夜才回去，而且弘文馆的学士可以参与议定礼议、典章、律令等重大活动，所以，唐太宗开弘文馆的目的，不仅仅是讲论经义，更重要的是商议政事，是为其文治服务的。

2. 修订儒经

南北朝的长期战乱之后，儒家经典多有散佚。对此，唐太宗十分重视，命令时任秘书监的魏徵负责经籍图书的搜集与整理工作。魏徵等人广泛征集募购，将所得图书分为四部，详细校订，手抄誊写。至此，"经""史""子""集"四部的图书分类法正式确定。在国家经史图集已经完备的情况下，为了便于学生学习和科举考试，统一思想，巩固统治，唐太宗通过两个步骤，完成了对儒经的统一工作。

儒家经学从西汉初年就出现了今、古文学之争。东汉末年以来，经学大师郑玄以古文经为主，兼采今文经学说，遍注经籍，形成了一个经学流派，世称"郑学"。三国的经学家王肃又独树一帜，不再分今文、古文，对各家经义加以综合，形成了与"郑学"对抗的"王学"。西晋永嘉之后，这两个学派的斗争就代替了今、古文学之争。南北朝时，政治上的分裂导致南北学派的对峙。南北朝后期，因为南北学派的交流，使得南北经学的差异缩小。隋朝的建立，则结束了长达几百年的政治分裂局面。而政治上的统一，必然要求思想和经学上的统一。当时，经学已经出现了南北融合的趋势。著名的经学大师刘焯、刘炫等都是学通南北，通古博今的硕儒。但由于隋朝短命而亡，南北经学仍然未能统一。

第一步，颁行《五经定本》。鉴于古代经籍因年代久远，文字讹谬，加之南北经学各有师承，解说各异，唐太宗便让精通训诂学的颜师古在秘书省考定五经。唐太宗把考定《五经》的工作交给颜师古，是颇具眼力的。颜师古的祖父颜之推是一代名儒，颜师古少传家业，遵循古训，博览群书，尤精训诂之学，具有研究经学的扎实基本功。因此，颜师古是考定《五经》最恰当人选。颜师古利用秘书省的经籍图书，悉心校刊，历时两年多，完成《周易》《尚书》《毛诗》《礼记》《左传》五经的刊定，呈献给唐太宗。唐太宗十分重视，召集诸儒进行评议。由于时代久远和师门不一，诸儒争议纷纷。颜师古援引晋以来的古今版本，援据详明，一一作答，诸儒都很佩服。于是，被唐太宗批准为《五经定本》，颁布全国。颜师古的这项工作，是对魏晋以来五经版本混乱局面的一次大清理。这就为当时学校教育提供了统一的课本，也有利于科举考试的需要。另外，颜师古还是唐代著名的史学家，他所作的《汉书注》，博采众长，匡谬补阙，是《汉书》现存最重要的注本。

第二步，编纂《五经正义》。五经的版本统一之后，接下来就是对经书的注疏工作。唐太宗针对儒学门派多，历代相沿的经文解释中的歧义迭出的状况，诏令国子祭酒孔颖达与诸位儒学大师共同撰定《五经》义疏。

孔颖达自幼聪明睿智，博闻强记，八岁就开始学习古经，尤其喜欢《左氏传》《尚书》《易》《毛诗》《礼记》等儒学经典，同时还通晓天文历算，又善写文章。唐太宗平定王世充的时，孔颖达正避居在虎牢一带，李世民慧眼识人，将他引到秦王府作文学馆学士，从此受到重视。

与孔颖达一起从事编撰工作的也都是硕学大儒，如于志宁、司马才章、王恭、马嘉运、王德韶、朱子奢、贾公彦等。他们坚持疏不破注的原则，对于六朝以来儒学的纷纭，一律以汉魏古注为权衡，考定是非。由于孔颖达等人能贯通诸家学说，并且治学态度严谨，因而《五经正义》的编撰，使汉魏以来儒家的门户之见一扫而空，如古今文之争、郑王学之辩、南北学之分等都销声匿迹了。《正义》的编定，是初唐诸儒集体智慧的结晶。唐太宗对这项工作也十分满意，下诏褒奖道："你们博综古今，义理准确恰当，考察前儒的不同的说法，符合圣人的旨意，实在做了一件不朽的大事啊！"

但是，由于《五经正义》的编撰出自很多人之手，存在许多弊病，唐太宗又下诏重新修订，由于孔颖达已年老退休，无法主持修订工作，终贞观之世未能修订完成。直到唐高宗永徽四年（653），才修订完毕，作为钦定的全国性的教科书，正式颁行于天下。此后一直到宋代，科举考试皆以此为标准。

《五经定本》和《五经正义》的颁定，不仅适应了唐太宗"偃武修文"治国方略的需要，为贞观之治的出现奠定了思想基础，而且实现了儒家学说的空前统一，在中国儒学发展史上，具有重大的意义。

唐太宗以儒家思想为统治思想，但他不禁绝其他思想流派和宗教。他尊崇道教，也允许其他教派的活动。

　　唐太宗所以尊崇道教，是因为道教是中国土生土长的宗教。作为中国人，首先遵奉的应是本土宗教，而不能是从外地传人的夷狄之教。再则，与唐太宗的"尊祖"意图有关。在魏晋南北朝时期，人们的门阀观念很强，李姓并非贵姓，所以唐太宗要重修《氏族志》将李姓列为一等姓。而道教以老子李耳为教祖，李耳与唐朝的皇帝同姓，为了追崇李姓的高贵，使李姓政权披上君权神授的外衣，便将道教始祖老子拉出来，神化老子，以攀附祖先。唐代诸帝、后妃公主、达官贵人，甚至文人骚客都有许多人信奉道教。道教在统治阶级的组织和扶持下，在唐代得到迅速发展。

　　唐太宗在位期间，在尊崇道教的同时，也十分注意利用佛教，基本上对两者都予以宣扬利用。只是随着形势的变化，时有侧重。

　　贞观十九年（645），著名佛学家玄奘在长安受到唐太宗召见，并称赞他意志坚强、词论典雅、风节高尚，在佛教造诣方面超过了前人。玄奘提出要翻译佛经，唐太宗也同意了他的请求，并召集部分通晓佛经的人，与玄奘共同完成这一事业。

　　玄奘，俗姓陈，名祎。14岁出家，法名玄奘，是古典小说《西游记》中唐僧的原型人物。他遍访名僧，探究佛经，发现许多教义在阐释时有些歧异，便决心到佛教的产生地天竺（印度）深造佛经、去伪存真。贞观八年（634），玄奘西出长安，经西域向天竺求经，途中历尽艰难、备尝困苦，终于到达天竺，他遍访高僧、广求佛法、瞻仰圣迹、精究梵义，取得了令人注目的功绩。贞观十七年（643）载誉归国。次年春夏之交到达于阗，并上书唐太宗，唐太宗令敦煌官员前往迎接。贞观十九年（645）回到长安时，高僧俗士倾城出迎，焚香撒花，顶礼膜拜。

另外，唐太宗对刚刚传入中国的景教也给予了合法的地位。景教是基督教的一个支派，贞观九年（635），波斯景教教主阿罗本来到长安，唐太宗命宰相房玄龄在西郊迎接，待若上宾。贞观十二年（638），又准许他在长安建造大秦寺，并下诏称：道无常名、圣无常体，各种教派，都是为了济度众生。

唐太宗尊崇道教，又不以本土宗教排斥外来宗教，而是在确立道教首要地位的前提下，允许其他教派自由发展，对各种宗教是宽容的。能做到这一点，是出于对自身文化的高度自信；而这种自信，既来自强大的国力，又源于豁达的胸襟。

3. 制礼作乐

封建礼乐制度集中体现着统治者的意志和利益，是规范人们言行的准则，是维护封建等级制度的重要工具，它可以培养和造就千千万万的顺民，心甘情愿地接受封建统治者的统治。从西周初年周公旦制礼作乐以来，历代统治者在建国后都会重修礼乐，唐王朝也不例外。唐太宗即位以后，把制礼作乐作为头等大事，力图充分发挥礼乐的社会功能，彰显贞观盛世的深邃文化内涵。

唐太宗贞观初年，房玄龄和杜如晦召集一部分礼官和学士，对旧礼——《隋礼》进行修订。贞观七年，《贞观新礼》颁行天下，篇目与《隋礼》大致相同：吉礼62篇，宾礼4篇，军礼12篇，嘉礼42篇，凶礼6篇，国恤5篇，共130篇。初次修订的《贞观新礼》难免有不尽如人意之处，加上围绕是否举行封禅大典，大臣争论激烈，意见纷纭。于是，唐太宗又命房玄龄、魏徵、王珪等人进一步修订，同时召集一批著名儒家学者如颜师古、孔颖达、令狐德棻、李百药等人参加。贞观十一年（637）三月，《贞观新礼》最后修成。《贞观新礼》共 138 篇，比贞观七年修订的新礼多了 8 篇。成书之后，颜师古、孔颖达、令狐德棻、李百药等都晋爵为子，可见唐太宗对这项工作的重视与赞赏。

《贞观新礼》内容完备，既合乎人情，为百姓所接受；又具有一定的约束力，规范百姓的言行。为了适应当时的政治形势，孔颖达等人根据风俗人情对三礼进行了变通，主要表现在吉、凶、军、宾、嘉五礼的一些具体规定和礼节上。比如在姨舅服制的问题上，按照古制，姨服很重，小功五月；舅服较轻，缌麻三月。修订《贞观新礼》时，唐太宗提出，舅之与姨，亲疏相似，而服纪有不同之处，这在道理上是讲不通的。于是，魏徵、令狐德棻等就将其改为舅姨同服小功的规定，既坚持了古礼的原则，又有所变化。

作为一世英主，唐太宗对于"礼"的见解不同于一般世俗的观点，他本人的行为也在遵循古礼的前提下，以比较开明的心态，做到了与时俱进。

贞观十七年（643），唐太宗生日那天，他心情沉重地对近臣诉说："今天是我的生日，按照风俗应以生日为喜乐，宴请亲朋好友。朕此时却特别思念自己的双亲。如今，自己君临天下，富有四海，而想侍养父母，却再也不可能。从前，仲由侍奉父母时，自己吃糠咽菜，却为父母借米做饭。父母亡故后，便到楚国经商，拥有百万资产，成为富翁。子路很痛苦，因为想自己吃野菜而为父母借米做饭已经不可能了。父母生育我，多么辛苦啊，为什么在父母辛劳的日子里却要进行宴乐活动呢？这并不合于礼。"所以，唐太宗认为为自己的生日再去劳累父母，实在不符合礼法。

他的观点与传统习俗太相同，想法新颖别致。

避讳是礼的重要内容之一，一般说来对帝王的名字要避讳。太宗即位后却对侍臣说："前代帝王，活着时并不避讳自己的名字，周文王名昌，《诗经》中有'克昌厥后'的诗句。鲁庄公名同，《春秋》中有'齐侯、宋公同盟于幽'的记述。近代以来的帝王，妄自尊大，让人们避讳他的名字，于礼不合，应当改革。今后，官号、人名和公私之籍中有"世"和"民"字，只要两个字不连读，就不必避讳。"唐太宗的这一态度，与那些为强调皇权独尊而强求臣民避讳，甚至因此而杀人的帝王相比，要开明得多。

礼部尚书王珪的儿子敬直娶唐太宗的女儿南平公主为妻，王珪认为：按礼的要求，儿媳应该拜见公爹、公婆，即便是公主也应如此，我接受公主的参拜，不是为了自身荣耀，而是不使国家礼仪遭到破坏。于是，王珪与妻子就位而坐，让南平公主参拜，并让公主手捧水盘，自己在水盘中洗手。而按照传统做法，历代帝王都强调皇权的独尊，与皇字沾边的都尊贵无比，皇子、皇妃也要受朝臣参拜。唐太宗知道这件事后，没有认为自己的女儿受到委屈，反而称赞王珪做得对。并规定以后公主出嫁，都按此行礼。

礼仪制度对于维护封建统治十分重要，魏徵对此深有认识。他在《论时政疏》中就曾指出："为国的根本，要看德礼，君主要保其地位，在于讲诚信，讲诚信就可以立于天下，百姓就不会有二心，德礼诚信，是立国之本。"魏徵提出，君主要以礼对待臣下，从而调整好君臣关系。他说："君主能够遵守礼仪，臣下才能竭忠尽智，上下之间要相互信任，上不信下就没有办法指挥他，下不信上就不能更好地侍奉他，这是值得相信的道理啊！"唐太宗十分赞同魏徵的话，贞观年间，君臣相互信任，约之以礼，出现了上下和谐的君臣关系。

唐朝建国之初，首要的任务是平定天下，来不及制定新的音乐，典礼仪式沿用隋朝的"九部乐"。南北朝时期，由于种族与地域的隔阂，形成了以"齐、梁之音"为代表的南乐与以"周、齐之音"为代表的北曲。大唐的统一，打破了南北地域的界限，唐太宗顺应时代潮流，确立了修订大唐雅乐的原则：打破南音、北音的界限，融合南北乐曲，把南北音乐、胡汉之声熔为一炉，赋予贞观新乐以崭新的内容，体现天下一统的气势，让人们在享受音乐的同时，受到道德的熏陶。在太常少卿、著名的音乐家祖孝孙等人的努力下，《大唐雅乐》制成，其中包括燕乐、清商、西凉乐、扶南乐、高丽乐、龟兹乐、安国乐、疏勒乐、康国乐和高昌乐。这10部乐既可按曲演奏，又可随声起舞。《大唐雅乐》是我国各民族文化融合和中外文化交流的丰硕成果，它的出现，奏响了健康向上、天下一家的和谐乐章。

唐太宗不仅锐意改革原有的音乐舞蹈，而且还亲自创作改编了新的歌舞。武德三年（620），李世民平定刘武周，收复并、汾故地之后，庆贺胜利，军民载歌载舞，当时唱的歌叫《秦王破阵乐》，是表现李世民显赫战功的赞歌。贞观六年（632），李世民进行了改编，使其变为雅乐，在殿堂演奏。唐太宗向群臣解释说："我过去受委派征讨各地，民间就有这支曲子，虽然没有文德雍容，但是我的功业是由此建立的，我不敢忘记这个根本啊！"在贞观七年（633），李世民又亲自设计了一张《破阵舞图》，请著名的音乐家吕才担任艺术指导，按图教练乐工120人舞蹈，舞者身着戎装，象征车骑与步兵相间，往来击刺，还以乐队伴奏，歌者伴唱。另外，还请魏徵、虞世南等人改制歌词，更名为《七德舞》。《七德》典出《左传》"舞有七德"，意为发扬武功圣德。

　　贞观六年（632）九月，唐太宗亲幸诞生地武功别馆（已改名庆善宫），赏赐乡里父老。故地重游，触景生情，感慨万端，不禁赋诗 10 韵，表现对故土的怀念和胜利的豪情。不久，吕才为这些诗谱曲，命名为《功成庆善乐》。还挑选 64 名身着盛装的儿童，伴着优雅的乐曲，翩翩起舞。《功成庆善乐》的舞步轻缓雅致，与《七德舞》一文一武，对比鲜明，象征了唐太宗的文治武功。

　　唐太宗对音乐艺术的社会作用也颇有见地。他和群臣就音乐的作用进行了讨论，御史大夫杜淹说："北齐将要灭亡，齐王却作《伴侣曲》，过路的人听到后，莫不悲哀，称其为亡国之音。由此看来，国家兴亡，与乐有关。"唐太宗反驳说："不然!声音并不能改变人的行为。同一首乐曲，欢乐的人听到后感觉喜悦，哀愁的人听到后感到悲哀，悲哀和喜悦在于人心，并不在于乐曲。将要灭亡的政权，人心烦恼，苦怒相感，听到后自然悲哀，乐曲悲哀能使快乐的人也悲哀吗？如今，《玉树后庭花》和《伴侣曲》还存在，朕能演奏，诸位听到后，肯定不会悲伤。"魏徵说："乐在人和，不在音调。"唐太宗赞同魏徵的见解。"乐在人和"的思想，正是对音乐艺术社会作用的理解。强调"人和"是"乐和"的前提，体现了贞观君臣的民本思想。

　　一天，主管音乐的官员张文收建议修改太乐，唐太宗不同意，他说："乐本来是因人而言，人和则乐和。隋炀帝末年，天下丧乱，即使制定出多么优美的音律，也听着不和谐。如果国内安定，百姓安乐，音律自然调和，不用修改太乐。"

　　贞观七年（633），唐太宗在玄武门宴请三品以上的官员，乐工表演《秦王破阵乐》，该乐表现的是唐太宗做秦王时击破刘武周的内容。太常卿萧瑀对唐太宗说："《秦王破阵乐》在全国表演十分普遍，然而对于当年击破刘武周的英雄气概表现得还不够充分，应当让乐工生动形象地表演出刘武周、薛举、窦建德、王世充被擒获时的狼狈形态，展现艰苦卓绝的战争场景。"唐太宗不同意，并解释说："当年天下未定，群雄并起，朕为了拯救万民于水火之中，不得已才领兵征战，民间据此内容编成舞曲，国家又在此基础上进行改编。然而，舞曲雅乐的内容，只是当年战争的一个大概，如果表现得十分具体，就很容易联想到具体的人。朕现在的许多文臣武将中，不少人以前都是刘武周、薛举、窦建德的部下，如果让他们重新观看当年被擒获的形象，势必会引起他们的痛伤，所以不能更改。"萧瑀听后，连忙承认考虑欠周全。

其实，如果真像萧瑀所说的那样去表现唐太宗的英明决策和敌人的负隅顽抗，倒是能很真实地表现唐太宗的盛德、神威和武功，但却会使君臣关系蒙上阴影，不利于君臣之间的"人和"。可见，唐太宗很看重音乐舞蹈的社会效果，同时也表现了李世民良好的政治和心理素质。只有心胸宽广，拥有非凡自信的人，才会想到照顾降将的情绪，给自己的手下败将留些情面！

4. 大兴学校

唐太宗即位以后，对自己小时候好弓马骑射，长大后又长期征战，无暇读书的经历，非常感慨，深感读书博学的重要性。另外，唐代学校与科举的关系极为密切，由中央学校选拔出来的'生徒'和由州县荐举的"乡贡"，是参加科举考试的主要生源，因此，学校可谓科举的后备队，官员的养成所。为了培养和选拔德才兼备的合格人才，太宗对学校教育极为重视，他采取以下措施，大力复兴教育事业。

首先，扩大学校规模。唐太宗时期，唐代的教育制度逐渐完备，确立了中央、州、县三级官学制度。在中央，以国子监为最高学府。贞观元年，唐太宗下令扩充国子监所属3种学校——国子学、太学、四门学的学生人数。其中，国子学学生300人，招收文武三品以上官员的子孙；太学学生500人，招收五品以上官员子孙；四门学学生1300人，招收七品以上官员子孙，以及平民中有才华者。国子三学的学生总数为2100人，比唐初扩大了6倍多。唐太宗诏令在国子监之下设立书学、算学和律学，分别培养书法、数学和法律等方面的专门人才。学生来自两个群体，一是八品以下官员子弟，二是庶人中能精通其中一门学问的人。这样，唐初的国子三学就变成了国子六学。唐太宗还设立了弘文馆和崇文馆，在皇亲国戚和三品以上京官子弟中选拔，两馆分别招生30人。

为了鼓励士子们的学习，唐太宗多次亲临国子监，参加"释奠"仪式。所谓"释奠"，就是每年仲春和仲秋，学校师生敬祭先师孔子的隆重仪式。而且前往国子监听祭酒、博士讲论儒家经典，还规定成绩优异者除可以举送到尚书省参加贡举考试，可直接授予吏职，甚至连玄武门飞骑经博士授业有能通经者，也可参加贡举。

地方上的学校，主要是州学和县学，其中优异者，经过州试合格的，可以参加中央的常举考试，称为"乡贡"。"乡贡"合格者，就可以获得做官的候补资格。由于组织上比较健全，物质上有保证，再加上贡举和入仕的吸引力，贞观时学校迅速发展。

第二，精选名师任教。国子监的高官有祭酒1名，司业2名。六学中各有博士、助教多人，负责具体的教学活动。唐太宗十分重视教师的选拔和任用，面向全国征聘儒学大师，名儒孔颖达、马嘉运、司马才章等都曾被征召到国子监讲学。王恭原来在乡间教授弟子，声名远扬，贞观初年被任命为太学博士。

第三，重视教材的选编。鉴于儒家《五经》师说多门、众说纷纭、文字有异、章句繁杂的情况，命颜师古考订《五经定本》，令孔颖达等编撰《五经正义》，作为国子监的教材。这样，就使学生们学有依据，不至于因文义不同而无所适从为学校师生和科举考生提供了统一教材和参考书籍。

第四，接纳异国异族留学生。唐太宗下诏允许中外各国的酋长及贵族子弟，在国子六学就读。国内的少数民族酋长如吐蕃等派其子弟，千里迢迢到长安，学习高度繁荣的汉文化；新罗、百济、高丽、日本等国的统治者，也仰慕贞观之治，纷纷派遣子弟到唐留学，国子监成为当时世界上规模最大的学府。

5. 盛奖科举

为了更好地招纳人才，唐太宗还大力推行科举取士的制度。所谓科举制度，就是由朝廷设立科目，通过分科考试的方式，把统治阶级认为合格的人才推举、选拔出来，让他们担任政府的官吏。科举制始创于隋文帝时期，它打破了九品中正制下，士族门阀对官场的垄断，是我国官员选拔制度的重大变革。但隋朝只有"进士科"，也没有形成定制。唐太宗即位后，社会安定，教育飞速发展，科举制逐步走向成熟和完善。

可以参加科举考试的，有三种资格或途径：即生徒、乡贡、制举。生徒来源于学馆，即京师六学（国子学、太学、四门学、律学、书学、算学）和两京各馆（弘文馆、崇文馆等）的考生；乡贡来自地方，为各州县选拔进贡来中央参加考试者；而"制举"则是根据特定的需要，以天子的名义征召各地知名人士，由州府荐举到京都应试。

唐代科举的科目有秀才、进士、明经、明法、明书、明算六科，其中又以明经、进士两科影响最大。由于进士的仕途明显优于明经，所以，举子们对进士科的考试趋之若鹜。由于进士难考，为了达到取中的目的，应考的举子常常在考前和考试期间想出种种办法进行活动，让达官贵族、社会名流了解自己的才华。他们"跑关系"常用的办法叫"行卷"——并非卷子会跑，而是把自己的诗文献给达官贵人或者学界名流，请他们把自己推荐给主考官。一次不行，再送一次（叫温卷）。当时有句谚语："三十老明经，五十少进士"，意为举子们30岁考中明经，已属老于科场；50岁中进士，还算年轻，属少年得志。唐人赵嘏一语破的："太宗皇帝真长策，赚的英雄尽白头"，可见进士登第之难。

士人考中了进士，就取得了做官的资格，但是真正得到官职还得经过吏部的考试。这个考试就叫"铨选"。铨选合格的，就呈请皇帝授给官职。铨选考试的内容一共有四项：一是"身"，就是指相貌外表要端正；二是"言"，就是指言词表达要清楚；三是"书"，是说字要写得端正美观；四是"判"，就是要有审定文字的能力。考中了进士，叫做"及第"，其中第一名叫状元，第二名叫榜眼，第三名叫探花。后来，到了武则天的时候，皇帝还在宫殿上亲自出题考试。那时所以有人把进士叫做"天子门生"，因为他们是由皇帝亲自考取的。

科举取士，打破了贵族垄断仕途的局面，许多贫寒子弟通过科举做了高官。李义府出身贫寒，通过科举考试入仕朝廷，他担心出身卑微，不受重用，赋诗感叹说："上林许多树，不借一枝栖？"唐太宗说："我将整棵树都借给你，难道只是一根树枝吗？"唐太宗的一句话，打消了李义府的顾虑，后来官至宰相。通过科举，选拔了大批人才，当唐太宗在金殿上看到新进士鱼贯而出的盛况时，情不自禁地说："天下的英雄，都来到我这里了。"

在推行科举的同时，贞观时期也保留了"恩荫"制度，一些贵族官僚子弟可凭借父祖的官爵而任官，但恩荫并不是选任官员的主流，它只是科举制的补充形式而已。

6. 重视修史

从秦王到天子，从创业到守成，唐太宗体会到了文治的重要性。由于唐太宗注重以古为镜，以史为鉴，所以贞观年间出现了前所未有的修史盛况。

大约从秦汉到魏晋时期，我国没有固定或专门的修史机构，史官或附属兰台，或归东观管理。北齐始设史馆，由秘书省管理。为了加强皇帝对修史工作的控制，唐太宗把史馆移至宫禁之中，并由宰相直接监修史书。这样，史官的地位和待遇都相应有所提高。

唐太宗设置史馆的主要目的是修撰国史和前朝史书。唐朝的国史有3种类型：起居注、实录和国史。起居注是一种编年体史书，记录皇帝的言行，由门下省兼任起居郎者负责。实录是皇帝政事的总结，由史官编写。贞观年间撰写的实录有《高祖实录》和《今上实录》。唐太宗还令史官姚思廉等根据中央和各地报送史馆的有关资料，修成国史 80 卷，开有唐一代 8 次撰修国史的先河，为后晋、北宋修新旧《唐书》等，积累了大量珍贵的一手材料。

唐太宗有句名言，即"以古为镜，可以知兴替"。"以古为镜"，就是吸取历史上治乱兴衰的经验教训，对照现实，励精图治。为此，唐太宗不惜耗费巨资，组建了强大精干的史官队伍，大修前代史书。贞观年间由国家主持修撰的前代正史有 6 部：《梁书》《陈书》《北齐书》《周书》《隋书》，史称《五代史》，另外还有《晋书》，占整个封建社会所修二十四史的四分之一，可谓盛世修史的壮举。

唐太宗是一位比较重视总结历史经验教训的皇帝。他平时喜欢读史书，他在自己撰写的《金镜》中记述说："朕日理万机，仍抽空浏览前代历史，仰望历代帝王的高风亮节，观察历代的遗迹。兴盛和衰亡，都有它的规律性。每当我读到尧舜治国时，便浮想联翩，赞叹不已；读到夏桀商纣、秦汉暴君时，便有如临深渊、如履薄冰的感觉。"

唐太宗还提倡臣下读史。贞观三年（629），为了奖励凉州刺史李大亮的上书直谏，特赏赐荀悦《汉纪》一部，并称赞该书叙事明了，议论深刻，要李大亮好好阅读。以史书作为奖品奖励臣下，史上罕见，显示了唐太宗的过人之处。

不仅爱读史书，而且对于载于史籍的事情，唐太宗不盲从偏信，能够以冷静客观的态度，提出自己的看法。贞观初年，有白鹊在寝殿内的槐树上筑巢，叫声十分动听，苑内又有灵芝仙草出现。大臣们纷纷以出现吉祥的征兆向唐太宗庆贺，唐太宗酌古鉴今，对大臣们说："朕见你们都以见到祥瑞为好事，上表庆贺。

我却想假如天下太平，百姓家给人足，安居乐业，即使没有祥瑞出现，也可以德比尧舜。如果政局不稳，国困民穷，百姓怨愤，即使灵芝满街、凤凰满树，与夏桀、商纣又有什么不同呢？我曾听说后赵石勒时期，有人用连理枝作柴煮白鹊肉吃。可见当时作为吉祥之兆的连理枝和白鹊很多，难道能说石勒是明君吗？隋文帝爱好祥瑞，秘书监王劭又用歌谣、图谶、佛经加以美饰，撰成《皇隋灵感志》30卷，宣示天下，让百姓洗手焚香，闭目诵读，曲折有声，犹如歌谣。我看到史书上的这些记载，认为荒唐可笑。作为君主，如果能得到百姓拥护，就是最大的祥瑞。自此以后，各州县再有祥瑞出现，不必申奏。”

读史的目的在于以古为镜，引以为戒。唐太宗在处理国政时，经常引古证今。玄武门政变不久，太宗重用了曾经反对过他的东宫和齐王府的人才，却没有对秦王府中的平庸之辈授以高官。秦王府的人感到不公正，中书令房玄龄将这一情况向唐太宗作了汇报。唐太宗说：“古代被称为公正无私的人，都是公平地对待任何事情。丹朱、商均分别是尧、舜的儿子，因为无能而被废；管叔、蔡叔是周公的叔叔，因为不贤而被杀。所以君主应以天下为公，不偏私任何人。诸葛亮是小国蜀汉的宰相，还声称自己心如秤杆，不能不公正，又何况我如今治理大国呢？朕与你们的衣食都出自百姓，就应当事事为百姓着想，我任人唯贤，而不是任人唯亲，就是为了百姓的安定。”

唐太宗设置史馆，大修国史和前代史书，而且在执政的过程中，能够自觉地以史为鉴，这也是促成贞观盛世的重要因素。

十、胡汉一家　和谐开放

唐太宗即位以后，边患未除：东突厥汗国和薛延陀汗国相继雄踞漠北地区，骚扰北部边境；西突厥汗国占有西域，威胁西北；吐谷浑拥有青海，野心勃勃；吐蕃政权崛起于青藏高原，虎视眈眈。大唐虽然立国不久，国力不强，但中原汉民族掌握着当时最先进的生产技术，创造了大量的物质财富。周边少数民族经济、文化比较落后，以游牧为生，生活不能自给自足，时刻觊觎中原。所以，摆在唐太宗面前的，是严峻的周边形势。

1. 平定东突厥

突厥族是我国北方境内的一个古老民族。最初生活在叶尼塞河上游，后迁入今新疆博格达山，5世纪中叶又迁至金山（今阿尔泰山）南麓。6世纪时逐渐强盛起来，并逐渐与中原王朝建立了友好关系。西魏大统十八年（552），突厥酋长土门建立了突厥汗国，自称伊利可汗。突厥汗国是在游牧部落基础上建立起来的奴隶制政权，最高统治者称大可汗，大可汗封他的兄弟子侄为小可汗，分领各部落。

隋朝初年，突厥贵族集团分为东西两部。东突厥控制漠南、漠北等地，西突厥占有西域各地。隋朝末年，东突厥逐渐强盛起来，经常南下骚扰中原。中原的军阀薛举、窦建德、王世充、刘武周、梁师都、李轨等为了扩大势力，都曾向突厥称臣。李渊在晋阳起兵的时候，为了全力抗击隋军，也让刘文静联络突厥，向东突厥称臣，以解除后顾之忧。

唐朝建立以后，东突厥颉利可汗和突利可汗声称自己对唐朝的建立有功，多次派人到长安索取财物，骚扰北部地区。唐太宗李世民即位仅半个多月，东突厥颉利可汗听到唐朝帝位更替的消息，认为是大掠中原的天赐良机。于是，在盘踞朔方的军阀梁师都的策应下，率领10余万大军进犯关中，唐行军总管尉迟敬德在泾阳（今陕西泾阳县）挫败突厥，但突厥主力并未受损。不到5天时间，主力部队到达离长安只有40多里的渭水便桥北岸。

为了对唐朝进行军事讹诈，颉利可汗派心腹执失思力一人单骑进入长安，耀武扬威，索要财物，观察形势。一时间，京师震动，长安戒备森严。执失思力对唐太宗说："我可汗率兵百万，列阵渭水北岸，千里而来，总不会空手而归吧？"唐太宗回答说："我与可汗曾订立和约，如今他却背约兴兵，是何道理。如今兴兵进入我京师地区，我应当先斩下你的头颅，以儆效尤。"虽然皇帝的宝座还未坐热，但唐太宗并不慌张。因为根据多年与突厥来往的经验，他知道，突厥人居住于茫茫草原，以游牧为生，生活用品匮乏，骚扰的目的是掠夺财物，并无抢夺帝位的想法。而且当时唐朝的兵力不如突厥强大，他就对大臣们说："我刚即位，在这个时候要好好治理国家，务必要使天下安定。如果战事不断，时常搅扰百姓，使他们流离失所，穷困潦倒，是很难实现大治的。"于是，他一边囚禁执失思力，一边亲自率领高士廉、房玄龄等来到渭水便桥之南，与颉利可汗对话。萧瑀见唐太宗亲临渭水，以为太宗轻敌，扣马进谏。唐太宗对萧瑀说："我已考虑成熟了，突厥此次全军入侵，认为我刚即位、内部局势混乱，不能组织力量抵御。我如果闭门守城，突厥一定大喜过望，纵兵掠杀。所以我亲临渭水，告诉他我不怕他们。我还让军队结阵南岸，让他们知道我们准备决一死战。突厥远师而来，害怕交战后不能快速取胜，不会轻易作战，就会请和。制敌之策，在此一举。"

颉利可汗突然见唐太宗亲临渭水，十分吃惊。唐太宗高声喊道："颉利可汗，我与你订立盟约，互不侵犯，你为什么背弃盟约，侵扰我的领土？"颉利理亏无言。唐太宗又指着天说："我是天子，对不起我，就等于对不起天。你知道这样做的后果吗？"颉利可汗不敢回答，突厥的士兵本来就迷信鬼神，目睹唐太宗的英姿，更加敬畏。突然，鼓声震天，旌旗招展，唐军主力相继到达，气势压倒颉利可汗。颉利可汗见唐太宗义正词严，毫无惧色，便心生疑忌，以为唐军已经做好了充分准备，担心自己不是唐军的对手，主动请求罢兵议和。唐太宗答应了颉利的要求，双方收兵一日。第二天，唐太宗和颉利可汗在便桥之上，斩白马，举行了隆重的仪式，签订了"便桥之盟"。结盟之后，由于得到了大量的金帛财物，颉利带兵北撤回到塞北。这样，唐太宗没有废一兵一马，没有增加百姓的兵役之苦，避免了拼搏厮杀，最终化干戈为玉帛。虽然损失了一些财物，但避免了一场流血战争，保证了唐王朝政权的稳定，总体上看，得大于失。

事后，宰相萧瑀问唐太宗的退兵之策说："颉利来犯，诸将请战，陛下不许，不久，颉利自退，用的是什么策略？"唐太宗分析说："突厥的军队数量虽多，但军纪不整，唯利是图，也不能上下一心。我令长孙无忌、李靖在幽州一带布置好伏兵，打败颉利易如反掌。只是我刚刚即位，首先解决的问题是安定，一旦与突厥开战，死伤必然很多，虽然能打败突厥，但不能使其灭亡，与其结怨，对我们并不利。如今与他讲和，突厥必然产生骄傲情绪，骄傲就是灭亡的开端。"这段话虽然带有很明显的自矜之意，但唐太宗正确分析了突厥南侵的目的。实际上，使突厥退兵的"胜利"，是牺牲大量的财物换来的。所以，唐太宗感到很不光彩，不久，他就把"便桥之盟"称为"便桥之耻"。

由此，唐太宗感到了边疆局势的紧迫性，认识到单靠贿赂求和，不能使周边地区真正安宁。只有富国强兵，才能立于不败之地。于是，就加紧训练府兵，整顿兵制，在发展社会经济的同时，提高军队的战斗力，为自卫反击做积极的准备。每天，他都在大殿前带将士练习枪法箭技，赏罚严明。他对将士们说："突厥入侵，本来是一件很常见的事，但如果平时不加警惕，在安逸的生活中习惯了，忘记战争的危险艰苦，那么当敌人到来的时候就会束手无策。现在我不让你们修筑花园，专教你们学习弓箭，平时我是你们的老师，突厥入侵之时，我是你们的将帅。这样，全国的百姓就可以得到安宁了。"一位大臣向唐太宗进谏说："法律规定，凡是带兵器到皇宫者，一律处以死刑。如今这些普通将士竟然在大殿上张弓拉箭，万一出点差错，对陛下不是很危险吗？"唐太宗不以为然，告诉他说："一个好的皇帝，应该把四海之内的百姓都看做是一家人，开诚相见，推心置腹。为什么要平白无故地猜忌自己身边的将士呢？"将士们听到这话，都十分感动，更加刻苦练习。几年间，唐太宗就训练出一支骁勇善战的精锐部队。

贞观元年（627），颉利可汗和突利可汗之间互相猜忌，而且由于颉利可汗随便增加税收，引起了贵族内部的不满。突厥内部发生严重分裂，归附突厥的薛延陀、回纥、拔野古诸部先后叛离，颉利可汗遣突利讨伐，突利却打了败仗，颉利大怒，将突利囚禁，从此突利与颉利结下怨仇。这一年冬天，连降大雪，积雪深厚，羊马多数被冻死，突厥粮食奇缺，草料匮乏，处在危困之中。唐朝内部有人建议乘机出兵征伐突厥，唐太宗对萧瑀和长孙无忌说："颉利君臣昏虐，危亡只在旦夕。如果征伐，有违渭桥盟约；如果不征伐，又恐坐失良机，如何是好？"长孙无忌回答说："如果突厥不进犯而征伐，是弃信劳民，不可不考虑。"这番话打消了唐太宗的出兵念头，他对大臣们说："每个人都应该讲信用，何况是一国之君呢？我们既然与突厥订立盟约，就不能乘突厥灾荒之机出兵攻袭。即使突厥诸部叛乱，六畜都死，我也要坚守信用，决不出兵。只有在他们对我们无礼时，才能出兵征伐。"

贞观二年（628），突利声称受到颉利的攻击，向唐朝求救，唐太宗对臣下说："朕与颉利结有盟约，又与突利有兄弟之约，不能见死不救，我们该怎么办呢？"杜如晦接着说："突厥并不讲信用，虽然我们遵守盟约，他们却常常背约而动。乘机攻取，并不是我们违约。"于是，唐太宗命将军周范屯兵太原。颉利可汗迅速做出反应，拥兵与唐军对峙。这时，有人向唐太宗建议征发民役，修筑长城，以阻挡突厥。唐太宗不同意，他说："突厥境内，在炎炎盛夏却出现霜冻。据说天上同时出现5个太阳，连续3个月没有黑夜，灾害不断，凶兆万端，而颉利却不修德养善，这是不畏敬上天。迁徙无常，游无定居，这是不畏敬地神。突厥的风俗是死后焚尸，如今却起坟造墓，背负祖先传下的规矩，这是慢待鬼神。颉利与突利不和，内部相互残杀，这是不和睦亲人。凭这四点，就足以使他灭亡，根本用不着修筑长城来阻止他。"

贞观三年（629）八月，原归附突厥的薛延陀毗伽可汗派遣使者到长安通好，唐太宗赐给他宝刀。突厥颉利可汗听说后，更感到孤立，也派人出使唐朝，表示愿意称臣，并请求与唐公主成婚，做大唐的女婿。正在此时，代州都督张公瑾上书，奏称突厥可以攻取，奏书上说："突厥可取，有六条理由：颉利穷奢极欲，穷凶极恶，谋害忠良，亲近小人，这是主昏于上；突厥所属回纥、薛延陀等自立君长，聚众起义，这是众叛于下；突利被颉利怀疑，二人离心离德。颉利兵败将挫，势力大减；塞北地区寒冷，又遇干旱，粮草短缺，供应紧张；颉利疏远突厥，亲近重用外人。而且反复无常，必定导致内乱；大量汉人在北方居住生活，如果听到唐朝大军逼临的消息，一定会聚集起来，依山据险，响应唐军。"张公瑾的分析有理有据，唐太宗便决定发动对突厥的战争，平定突厥，以雪国耻。

贞观三年（629）十一月，唐太宗命兵部尚书李靖为行军总管，屯兵定襄（今属山西）；以并州都督李勣为通汉道行军总管，屯兵云中（今山西大同）；以左卫大将军柴绍为金河道行军总管，屯兵金河（今属内蒙古）；以营州都督薛万彻为畅武道行军总管，屯兵营州（今属辽宁）；以任城王李道宗为大同道行军总管，屯兵灵州（今属宁夏）。几路兵马总兵力达10余万人，整装待命。由李靖和张公瑾统一指挥，准备全力征讨突厥。

李靖是隋代名将韩擒虎的外甥，跟从李世民南征北战，多有战功，具有实战经验，善于捕捉有利战机，出奇制胜。李世民令李靖总管征讨突厥，正是看中了他的才华和实战经验。李靖果然不负众望，一举取得定襄战役的胜利。

贞观四年（630）正月，李靖率领3000名骑兵，突然由马邑飞奔至恶阳岭（今内蒙古自治区和林格尔），向颉利盘踞的北定襄城（距和林格尔20公里）发起攻击。唐军如神兵天降，颉利可汗惊恐万分，慌乱之中作出了错误的判断，认为如果不是倾全国之兵力，李靖肯定不敢孤军围攻定襄。李靖抓住颉利狐疑不定的有利战机，一面派间谍开展分化离间工作，一面在夜间发动突然袭击，大破定襄，颉利狼狈退到碛口（今内蒙古呼和浩特北），李靖率部紧追不舍。

　　与此同时，李勣率部北出云中，在白道设下埋伏。白道是河套东北通往阴山以北的要道，李勣在此大破突厥部众，俘获5万余人，颉利率残部退居铁山（在今内蒙古阴山北）。颉利虽然仍拥兵数万人，但自知不抵唐兵，为了取得喘息的机会，就派执失思力到唐朝谢罪，请求举国投降。唐太宗则派鸿胪卿唐俭、将军安修仁等持节安抚。颉利见唐使到来，以为李靖不会再攻击，便热情招待唐俭等，放松了对李靖的防备。

　　二月，李靖和李勣面对形势的变化，进行了深入的分析。"颉利虽败，拥兵尚多，如果远走他乡，道途遥远，追击就困难了。今乘颉利与唐俭会见之机，奇兵袭击，必能取胜。"大将李勣说："这是千载难逢的机会。机不可失，时不我待。平定突厥，事关重大，唐俭就不足可惜了。"李靖下定了出兵的决心。

　　他们猜透唐太宗的意图，为了乘胜追击，速战速决，不经奏疏，制定了突击的作战计划。入夜，李靖率军直逼颉利的大本营。当时，颉利正设宴招待唐俭，哨兵突然报告说："大事不好，唐军离这儿只有七里远了！"颉利可汗突然听到这个消息，不知所措，忙问唐俭："这是怎么回事？唐天子既然同意讲和，为何又派兵来袭击?"唐俭说:"可汗不必惊慌,李将军可能还不知道皇上下了议和的诏书,等我去告诉他,他见到我以后,一定会撤兵的,请可汗放心吧!"!说完,急忙走出帐篷,骑马飞奔而去。颉利可汗信以为真,仍然没做任何准备,静等着唐俭返回。唐朝大军逼近的警报不断传来,颉利可汗方才感到势头不对。当他惊慌走出帐篷时,只见漫山遍野布满唐军,慌忙骑马逃跑。唐军闯入突厥营地,如入无人之地,很快就把颉利可汗的部队彻底击溃。颉利可汗没有逃出多远,就被唐军活捉。

不到半年的时间,不可一世的东突厥被征服了。东突厥灭亡的消息传来,唐朝举国上下一片欢腾。唐太宗兴奋不已,对侍臣说:"从前,对突厥称臣,朕坐不安席,食不甘味。今出师北疆,连连得胜,洗雪国耻,人心大快。"于是,唐太宗大赦天下,祝酒5日,而且重奖李靖、李勣等将领。御史大夫温彦博妒忌李靖的军功,说李靖军无纲纪,致使突厥的奇珍宝物落入散兵之手。又说突厥本可招降,李靖不顾唐俭的性命,贸然出兵,是贪天功为己有。唐太宗不但不责怪李靖,反而对温彦博大加责备,并对周围的大臣们说:"从前,隋大将攻破达头可汗,有功不赏,反而以罪被杀。朕则不然,有功必赏。"

听到突厥归降的消息,唐高祖李渊十分感慨地说:"我们的军队能灭掉突厥,活捉颉利可汗,真是扬眉吐气啊!"他还让唐太宗和公卿大臣们以及贵妃等人举行盛大宴会,庆贺胜利。宴会上唐高祖亲自弹起琵琶,唐太宗即兴起舞,热闹非凡。

突厥颉利可汗被押解到京师长安,唐太宗在顺天楼举行庆祝仪式,颉利可汗在唐军押送下低头来到唐太宗面前。唐太宗掩饰不住内心的喜悦,先是哈哈大笑,继而对颉利说:"虐待百姓是你的第一条罪状；与我朝屡次立盟而又连连爽约，言而无信，是你的第二条罪状；恃强好战，屠杀生灵，是你的第三条罪状；多次入侵我大唐境内，肆意烧杀抢掠，是你的第四条罪状；我一再给你机会，好言劝你投降，可你都拒不接受，这是你的第五条罪状……"颉利可汗吓得面无人色，汗如雨下，以为自己必死无疑。但唐太宗接着说："不过，自从便桥之盟以来，你没有再次大举入侵我朝，还算有所顾忌，所以我今天赦免你不死，但从今以后，你一定要改邪归正。"颉利可汗听到自己能免一死，急忙磕头谢恩。

唐太宗以泱泱大国之主的宽大胸怀，归还了颉利的家属，并让太仆安排他们食宿。颉利过惯了游牧生活，不适应定居。唐朝虽然给他安排了华屋美食，他仍然郁郁寡欢，常与家人悲歌相泣，身体一天天消瘦。唐太宗十分可怜他，便让颉利到多山林野兽、可射猎游乐的虢州居住，颉利辞谢。太宗又授颉利右卫大将军，赐美田良宅。

东突厥汗国灭亡以后，其归降的部众有 10 万多人，如何安置他们，是摆在唐太宗面前的亟待解决的重要问题。为此，唐太宗与大臣们展开了一场讨论。

有人说："突厥长久以来危害中国，今天灭亡而归降，并非自愿，而是不得已。请将突厥各部落遣散到黄河以南的兖州和豫州一带的空闲地带，使他们远离本土，散居到各州县，教给他们耕田织布，将他们转化为国家的编户农民。如此一来，大唐可增加户口，塞北自然空虚，边患可永久解除。"

中书令温彦博提出了不同意见，他说："汉朝时，将归降的匈奴安置在五原塞下，保全他们的部落，不改变他们的生活习惯，并对他们进行安抚，一则可利用他们守卫空虚的边塞地区，二则表示对其无猜疑之心。这是以德怀远的道理。如果将突厥安置在兖、豫内地，其不服水土、不习风俗，偏离他们的故土，这并不是最好的办法。"

秘书监魏徵认为："自古以来，突厥与中国为仇，如今被迫降服，即使不将其诛灭，也应遣返到黄河以北，势弱则归附，势强则反叛，无义无信，这是他们的天性。自秦汉以来，所以用精兵良将抵御他们，就是不让他们接近中国。陛下怎么能让突厥居住在黄河以南呢？况且归降者多达 10 万，数年之后，孳生数倍；而近在京畿，这就是心腹之患。"

针对魏徵的意见，温彦博说："实际不然。天子对于四夷，就像天地滋养万物，如今突厥破灭，余众归附，如果不加哀怜而弃之不问，不合天地豢养之义，而有阻灭四夷之嫌。臣以为置突厥于河南，是使他们死而复生，亡而复存，他们将感恩戴德，怎会有反叛之理？"

中书侍郎颜师古、给事中杜楚客、礼部侍郎李百药等都劝太宗将突厥安置在河北地带，使其分为许多部落，互不相属，最终也形不成抗衡中国的力量。

经过激烈争辩，唐太宗最终采纳了温彦博的意见，以怀柔为主，教化突厥。将突厥降众安置在东自幽州（治所在今北京城西南）西至灵州（治所在今宁夏灵武西南）的广大地域。设立顺、祐、化、长四州都督府，以四州都督府统辖突厥人。任命突利为顺州都督，让他带领部众返还原地。临行前，唐太宗对他说："你的祖先在破亡之际，投靠隋朝，依靠隋的支持逐渐强大起来。对隋的恩情，却未曾报答，到你父始毕时反而成为隋朝的隐患。自你以后，又每年都侵扰中国。苍天有眼，大降灾难，你等到穷途末路才来归顺，我之所以不立你为可汗，正是吸取隋朝的教训。我想让中国长治久安，也希望你们突厥家族长远，所以授你为顺州都督。你应当不负朕望，依我国法，管理好部众，不得妄想侵掠，如有违犯，定当重罚。"在原来由突利统辖的地区，分置了顺、事占、化、长四州。又在突厥原来居住的漠北地区分置北开、北宁、北抚、北安等州，并分为左右两部，左置定襄都督府，右置云中都督府，以统辖突厥人。同时，还把突厥各部投降的大小酋长，迁到京都长安，拜为将军、中郎将，其中 5 品以上的高官就有 100 多人。随从这些酋长迁入长安的，将近万家。

因为突厥长期骚扰边地，劫掠民财，破坏生产，民众不能安居乐业。平定突厥后，北境平安无事，使生产迅速发展起来。突厥势力强大时，窥视中原，企图分割唐朝的土地，还与唐朝的一些地方割据势力狼狈为奸，破坏唐朝的统一。唐太宗对突厥的战争，顺应了国家统一的历史潮流，从性质来讲，是正义的战争。

唐太宗为了对付突厥，长期隐忍。忍的目的是为了积蓄力量，后发制人，并不代表着屈服。唐太宗的过人之处，就在于忍一时而夺一世，最终以强硬手段制服突厥，洗雪了长期臣服突厥的耻辱。

唐太宗对突厥降众的安置，摒弃了狭隘的民族偏见，体现了大国天子的宽阔胸襟。因此，李世民得到了东突厥和漠北各少数民族酋长及百姓的衷心爱戴，被他们尊为"天可汗"。唐太宗愉快地接受了这一尊号，宣布此后所有发往西域、北荒等地的文书中，皇帝都称为"天可汗"。

2. 平定薛延陀

薛延陀分薛延和陀两部，原是铁勒部的一部分，由秦汉时期的匈奴族发展而来。隋朝时期，薛延陀散居于东起蒙古、西至里海之间的广袤地区。在突厥强大时，东、西突厥对薛延陀进行野蛮统治，其中，东突厥的统治尤其残暴，民族仇视情绪十分强烈。

贞观二年（628），西突厥境内的7万多薛延陀人在酋长夷男的带领下，揭起反叛大旗，并往东越过金山，迁徙到漠北，进入东突厥境内。东突厥衰败后，夷男乘机发展势力，逐渐控制了漠北地区，迫使东突厥南迁进入漠南地区。

贞观二年（628），唐太宗为了对付东突厥，便采取远交近攻的策略，拉拢北方的薛延陀，企图与之南北夹击突厥，便派游击将军乔师望为使者，潜入漠北地区，册封夷男为真珠毗伽可汗，并赠送了一些礼物。夷男十分高兴，派遣使臣致谢，表示归附唐朝。贞观三年（629），夷男派遣其弟统特勒向唐朝进贡，唐太宗热情招待，赏赐精刀和宝鞭，并对薛延陀的使者说："如果谁有过失，可用我的宝鞭抽打他。"夷男对此引以为荣。东突厥颉利可汗听说后，十分恐慌，也连忙遣使唐朝，表示臣服。

贞观四年（630），东突厥灭亡，北方形势发生了变化，夷男率薛延陀各部乘机向东发展，基本上占据了古代匈奴控制的地域，薛延陀汗国在漠北崛起。当时，夷男拥有兵力20余万，以两个儿子大度设、突利失分别统领，号称南、北二部。此时，唐与薛延陀夹击突厥的联盟失去存在的基础，随着薛延陀势力的扩张，唐与薛延陀之间逐渐产生了矛盾。夷男是个狂妄自大、野心勃勃的人，之前对唐朝的恭顺，目的在于借助唐朝的威望，稳定内部的统治。贞观六年（632），夷男击败西突厥的肆叶护可汗，势力达到准格尔盆地，欲与唐朝在西域争锋。

唐太宗担心薛延陀强盛后威胁北方边境，便在贞观十二年（638）遣使封薛延陀的两个儿子为小可汗，表面上看是器重薛延陀，实际上是企图造成薛延陀内部的纷争。

贞观十三年（639），唐太宗将散居黄河以南的突厥降众迁至黄河以北的漠南地区，用以阻挡夷男南下骚扰。贞观十五年（641），突厥俟利苾可汗率部在定襄建立牙帐，并向唐太宗上奏说："臣无德受恩，被册封为部落长，愿世世代代做大唐的看门狗，守卫大唐北大门。如果薛延陀胆敢南下进犯，我将率部众进入长城一带，奋起抗敌。"此话正和唐太宗心意，于是便准许了突厥的请求。当时，突厥部落有3万余户，兵力4万余人。虽然势力不如薛延陀强大。但背靠唐朝这座大山，薛延陀也不敢轻举妄动。不久，唐太宗东行到泰山封禅，各国都出兵相随，北方边地兵力空虚，夷男便蠢蠢欲动，与他的部下商议说："唐天子东封泰山，各归附国都出兵随行，边境空虚，如果乘机攻击俟利苾，如同摧枯拉朽，必能取胜。"于是，夷男派他的儿子大度设率精兵20万南下，突然向黄河北岸的突厥俟利苾部发动进攻，俟利苾抵抗不住，急忙向唐朝求援。

唐太宗于十一月命令营州都督张俭统所部从东进击，朔州道行军总管李勣率步兵6万、精骑3000屯兵朔州；灵州道行军总管李大亮率步兵4万、精骑5000屯灵武；庆州道行军总管张士贵率兵1.7万出云中；凉州道行军总管李袭誉出武威，共计10余万兵迎击薛延陀。临行前，太宗告诫各位将领说："薛延陀自恃兵多，越过沙漠南下而来，经过数千里的跋涉，人疲马惫。用兵之道，有利就迅速出击，不利就迅速撤退。薛延陀此次出兵，不能速战，既然已越过长城，又不可能速退。我已令突厥烧剃秋草，使薛延陀找不到粮草。不久前，有侦探来报告说，薛延陀的战马啃食林木，树皮都被吃光了。各位不要急着与他们交战，只待其粮草断绝，将要退兵时，一齐出击，必可制胜。"

当大度设的军队赶到长城时，突厥人已向南逃避。大度设无敌可打，便派人在长城上叫骂，正赶上李勣赶到。李勣派敢死队和精骑直冲大度设的军队，大度设估计硬战不可能取胜，便渡过诺真水，布阵以待。从前，薛延陀曾与沙钵罗及阿史那杜尔作战，都是以步兵取胜，这次与突厥及李勣对垒，大度设仍效用以前的办法，舍战马不用，每5人为1伍，1人牵马，4人在前面作战。交战时，突厥兵诈败，延陀奋力追赶。李勣及时救援，李勣以步兵百人为一队，避实就虚，延陀兵阵溃乱。李勣部将薛万彻率轻骑冲入敌阵，将牵马者一一俘虏。延陀兵失去战马，不能逃跑。唐军获胜，斩杀数千人，获马1.5万匹，大度设只带少数随从逃奔漠北。当时正值漠北大雪，大度设部下饥饿冻死者达十分之七、八。经过这次战役，薛延陀受到重创。

在反击薛延陀的斗争中，李勣立了大功，不久，李勣患重病，有偏方说用胡须灰可治愈，唐太宗便自剪胡须为李勣和药。李勣深受感动，顿首感谢，泣不成声，唐太宗诚恳地说："我之所以这样做，是为了国家利益，不必深谢。"

战争结束，薛延陀在长安的使者请求返还，唐太宗对他说："大度设自恃人多马壮，越过大漠攻击突厥。李勣仅带领数千兵马，就将大度设击败。返回后告诉你的可汗，凡事应考虑利害，择善而行，不要轻举妄动，以免自招祸端。"

夷男被唐军击败后，薛延陀汗国内部的各种矛盾迅速激化，夷男的可汗地位岌岌可危。为了依靠唐朝威势，树立在国内的威

信，夷男向唐朝派遣使臣谢罪，并献马3000匹，向唐朝求婚。薛
延陀的使者来到长安，请求与突厥讲和，唐太宗对他说："我约
定你们与突厥以大漠为界，大漠以北，由薛延陀统辖；大漠以南，
由突厥控制，有敢越界相掠者，诛杀不赦。延陀既然归附我却又
违背我的诏令，这不是叛乱吗？又提出与突厥讲和，这本是以前
约定的，还请示什么？"唐太宗并不理会薛延陀使者提出的要求。

　　贞观十六年（642），薛延陀又献马、牛、羊、驼等，再次请
婚。唐太宗对大臣们说："北狄世代骚扰中原，破坏生产，如今
薛延陀强悍崛起，应该及早考虑对策。朕经深思熟虑，只有两个
方案：一是选精兵10万，将其击败，将其灭绝，荡除凶源，可保
百年无忧；二是答应他们的请求，结以婚姻，也可保持30年的安
静。不知哪种方案更为合适？"

　　房玄龄回答说："今大乱之后，疮痍满目，宜休养生息，况
且兵凶战危，应当慎重。战争虽胜，也有危险，不如和亲。"唐
太宗点头称是，并接着说："朕为天下苍生的父母，如果此举对
天下苍生有利，我岂能不舍得一个女儿。"于是许以新兴公主下
嫁薛延陀，并派兵部侍郎崔敦礼前往薛延陀，向夷男通报，诏夷
男迎亲，唐太宗将亲赴灵州（今宁夏灵武西南），送公主成婚。

　　夷男大喜过望，对本族人说："我本是铁勒部的一个小帅，
大唐天子立我为可汗，如今又嫁我公主，天子亲自到灵州，谁能
赶上我这般荣耀，我还有什么不知足的？"于是，夷男向各部征调
羊马为聘礼，准备往灵州朝拜太宗。部族内有人劝夷男说："我
薛延陀可汗与大唐天子都是一国之主，为何前去朝拜？如果被拘
留，悔之不及？"夷男说："我听说大唐天子以德怀远，日月所
照，皆来宾服。我真心归附，希望能亲眼目睹天子龙颜，死无所

恨。漠北地广千里，必当有人统领，大唐不会舍我别求。我决心已定，请勿多言。"

正当新兴公主即将亲赴漠北和亲之际，铁勒契苾部唐将何力勇敢进谏，认为公主不宜远嫁漠北和亲。因为何力曾经到过薛延陀，亲眼目睹了夷男等人对唐王朝的深重敌意，揭示了夷男求婚的真实目的，就是想利用大国女婿的身份，巩固汗位。一旦羽翼丰满，必定卷土重来。

唐太宗接受了何力的进谏，决定拒婚。但为了避免失信之嫌，采纳了何力的建议，命夷男备齐聘礼后，亲自送到灵州（治今宁夏灵武）。唐太宗对大臣们说："汉朝时，匈奴强而中国弱，所以厚饰女子嫁与匈奴单于；如今，中国强而北狄弱，汉兵千人可以击败其数万。薛延陀所以表示归附我大唐，不敢骄慢，是惧怕我另立其他部族为君长，同时也倚靠我大唐来镇服其他部族。如拒绝其婚姻，诸部落知道薛延陀已失去了大唐的支持，就会反抗延陀，延陀灭亡的日子也就不远了。"由于薛延陀向来没有政府储备，夷男为准备聘礼只好向部下征调。又因天旱，缺水乏草，马羊多死，聘礼未能按时备足，唐太宗随即名正言顺地拒绝了夷男的请婚要求。

贞观十八年（644），薛延陀利用唐兵东征高丽的机会，向突厥发起攻击。双方多次交战，互有胜负。突厥俟利苾可汗不善于抚御部众，突厥人纷纷南渡黄河，请求内迁，得到唐太宗的准许。朝中大臣则有些顾虑，认为将突厥南迁，离长安太近，恐怕发生不测，并劝太宗不要亲征高丽。由于从力量对比看，突厥构不成对唐的威胁。因此，唐太宗看到群臣顾虑，便心平气和地对他们说："夷狄也是人，同华夏人没有什么本质的区别。做君主的，唯恐恩德不能被泽每一个人，不必猜忌他们。隋炀帝昏庸无道，大失民心，远征高丽时，百姓都断手足以避役，如今突厥贫弱，我收而养之，其感恩不及，岂可反叛？况且突厥与薛延陀都属北狄，他不向北依靠薛延陀而南下归顺唐朝，就说明问题了。"其实，此举还有借此挑拨突厥和薛延陀的关系，使之相互仇恨，以坐收渔利之效。

贞观十九年（645），夷男病死。他的两个儿子相互争杀。嫡子拔灼袭杀庶子曳莽，自立为颉利俱利失薛沙多弥可汗。当时，唐太宗正亲征高丽，多弥可汗为了转移国内部众的不满情绪，乘机进攻唐朝北部边境。

由于唐朝早已布置了一道坚固的防线，很快将其击退。多弥可汗率残部逃亡，途中为回纥所杀。其余部众逃奔西域，立夷男侄子吐摩支，号伊特勿失可汗。新汗即位，遣使请和。唐太宗一面让兵部尚书崔敦礼前往安抚，一面让李勣准备征讨，并对李勣说："降则招抚，叛则击灭。"李勣率军出击，斩首5000余级，吐摩支兵败被俘，无奈向唐请降。薛延陀汗国20年历3主，至此灭亡。

薛延陀灭亡后，唐太宗前往灵州，会见归降的各部酋长。走到泾阳（治所在今甘肃平凉西北）时，恰遇铁勒十一部请求归附的使者，唐太宗大喜，赐宴招待诸部使者，并下诏说："戎狄自古以来扰乱边疆，朕派遣兵将，擒获颉利，平定突厥；略施谋略，消灭延陀。铁勒百余万户散居北疆，派遣使者前来归附，这是前所未有的局面，这一盛举应当备礼祭祀，以告宗庙，颁示天下。"欣喜之情，溢于言表。

九月，太宗至灵州，铁勒各部落数千人又前来谒拜，表示世世代代，归附唐朝，死而无憾。唐太宗返回长安不久，回纥仆骨、同罗、思结契苾等铁勒诸部的酋长，都入朝献贡。唐太宗在长安

大明宫芳兰殿摆下盛宴，隆重予以接待。唐太宗把北方地区分为
许多州县，令各部首领分别担任都督和刺史，北方地区逐渐安定
下来了。

3. 击败吐谷浑

吐谷浑是鲜卑族慕容氏的一支，最早居住在西拉木伦河（今
西辽河）上游。约在公元 380 年左右，其祖先慕容吐谷浑西迁到
今青海地区，建立吐谷浑汗国。吐谷浑畜牧业发达，尤其是青海
湖一带盛产名马，如"龙种"、"青海骢"等。吐谷浑所在的青海
地区是连接中西丝绸之路的交通要道。

在唐高祖时期，李渊曾经派人出使吐谷浑，双方还有频繁的
边境贸易往来，吐谷浑从中获得了大量的生活必需品。但随着力
量的逐渐强大，吐谷浑伏允可汗逐渐不满足于在双方互市中获得
的财富，趁唐朝忙于统一战争之机，勾结党项羌人，多次入侵河
西走廊，对唐朝与西域间的交通和经济交流造成严重威胁。贞观
八年（634），可汗伏允发兵侵犯凉州（治今甘肃武威），并拘留唐
朝鸿胪丞赵德楷，拒不放还。唐太宗多次派使者交涉，但都无济
于事。于是，唐太宗下诏大举征讨吐谷浑。

贞观八年（634）十二月，唐太宗任命李靖担任西海道行军大
总管，统帅侯君集、李道宗等 6 支军队进击吐谷浑。第二年正月，
李道宗在库山击败了吐谷浑的精骑部队，可汗伏允为了阻击追兵，
大量焚烧沿途的野草，又带领手下轻骑逃往沙碛。由于途中没有
草料，使唐军的攻势受挫。对此，唐军多数将领认为，途中没有
了野草，骑兵就不可能深入，不如撤回鄯州，再寻找机会。但侯
君集等人认为吐谷浑败于库山，已经是穷途末路，应当乘胜追击，

否则后悔莫及。行军总管李靖最终采纳了侯君集的策略，分兵两路，一路由李靖率李大亮、薛万彻等从北路进击，另一路由侯君集和李宗道率领从南路追赶。

李靖指挥北路军所向披靡，先后在曼头山、牛心堆、赤水源大败吐谷浑。在赤水源之战中，李靖部将薛万均被吐谷浑大军围困，薛万彻前来解围，两人带兵浴血奋战，无奈被围。幸好契苾何力及时赶到，才使得薛氏兄弟绝处逢生，反败为胜。同时，得到了大量的物资和牲畜，保证了军需供应。李靖的另一部将李大亮则在蜀浑山大创吐谷浑。与此同时，由侯君集指挥的南路军，西进柏海，追击吐谷浑余部。北路唐军穿过人迹罕至的不毛之地，克服了恶劣天气和饮水匮乏的困难，在大漠中与伏允展开激战，大败伏允。唐军冲进敌人的牙帐，斩杀数千人，获得了牲畜20余万头。伏允被手下所杀，他的儿子慕容顺被立为可汗，归降唐朝。至此，李靖胜利地完成了平定吐谷浑的任务。

对于归降的吐谷浑，唐太宗采取宽大的政策，仍然让他们居住在故地，承认慕容顺为他们的可汗，还派李大亮带领几千骑兵，帮助慕容顺重建家园。这样，不仅解除了吐谷浑对河西走廊的威胁，也为防范日益强大的吐蕃，建立了一道屏障。

4. 讨灭高昌

唐太宗击败了吐谷浑，为打通丝绸之路奠定了基础。但是，位于新疆吐鲁番地区的高昌，仍是丝绸之路上的最大障碍。

高昌地处河西走廊与西域交界处，是西域通往中原的必经之路，又是贯通天山南路、北路的要地，从政治、经济、军事等方面看，位置都极其重要。唐初，在位的高昌王麹伯雅是汉人，他的政权也是一个以汉人为主体的封建割据政权。境内土地肥沃，谷麦可一年两熟，其文字、语言、刑法甚至风俗都与中原大致相同，政治、经济、文化都比周围其他民族发达。

隋朝时，麴伯雅曾与中原宇文氏有婚姻关系。唐朝初年，伯雅死，他的儿子麴文泰即位，唐高祖李渊派人前去吊唁。唐太宗即位后，文泰又贡献玄狐裘，以示祝贺。唐朝战胜东突厥，高昌归附唐朝。贞观四年（630），麴文泰亲自前往长安朝见，唐太宗以国家最高的礼仪接见他。麴文泰的妻子请求加入唐朝宗籍，李世民非常爽快地答应了她的要求，封她为长乐公主，赐姓李。

不久，西突厥和吐谷浑迅速崛起，丝绸之路被阻断。高昌向西突厥称臣，垄断了通往西域的商路，严重损害了唐王朝的利益。麴文泰阻隔西域各国与唐王朝通商，还随意对途径高昌出使唐王朝的西域大使加以拘留，抢夺送往大唐的贡品，并且侵扰唐的伊州和属国焉耆。

焉耆本臣属于西突厥，后来归附唐朝，高昌却与西突厥共同攻击焉耆。早在隋朝末年，有大批汉人为逃避战乱逃奔突厥，突厥被唐朝击败后，有一部分汉人逃入高昌，唐太宗让高昌护送他们回国，高昌却将他们扣留，罚作苦役。唐太宗派出使者劝说，文泰却说："苍鹰在蓝天上翱翔，雀鸟在蓬蒿间飞跃，猫在殿堂上游走，老鼠在洞穴内安居，各得其所，不是很好吗？"言外之意，就是虽然唐朝强大，高昌弱小，但都是独立的国家，应当各安其事，互不干涉。当时，薛延陀曾多次到长安谒拜唐太宗，文泰挑拨说："你既然自立为可汗，就与唐天子地位平等，怎么可以拜倒在他人脚下呢？"不久，高昌又与西突厥攻取唐朝属国焉耆的３座城市。焉耆王向唐朝控诉，唐太宗派李道裕调查，高昌王才勉强派遣使者到唐谢罪。唐太宗严厉训斥了高昌使者，并下诏让麴文泰入朝，麴文泰假托有病不来。唐太宗大怒，拜侯君集为交河道大总管，出兵平定高昌。

当时，朝中大臣都认为攻打高昌要出兵万里，还要行经茫茫大漠，恐怕难以取胜。况且高昌又地处偏远，即使攻取后也难以防守，竞相劝阻。虽然感到十分困难，但唐太宗主意已定，不为所动，坚持对高昌用兵。

文泰听说唐朝前来征伐，不但不害怕，反而以笑置之。认为高昌距离唐朝有7000里之遥，其中2000里都为流沙所覆盖，水草不生，寒风凛冽，运送粮食都成为很大的问题。他悠闲地对左右臣僚说："从前，我去长安时，见秦岭、陇北地区，城乡一片萧条，经济凋敝。唐军万里征伐，兵多则粮草难以供应，若兵在3万以下，我们能将他制服。唐军长途跋涉，穿越沙漠而来，沿途地无水草，冬季寒风如刀割，夏天热浪似火烧，100个行人中也到不了1个，即使唐军兵临城下，20天必定用尽所带粮草。待其粮尽逃跑之时，我出兵追赶，必获全胜。以逸待劳，何足为忧？"

出乎他的意料，贞观十四年（640），侯君集如神兵天降，奇迹般地率大军到达高昌，麴文泰感到十分恐慌，连惊带吓，旧病复发，不等唐军攻城，就撒手西归。麴文泰之子麴智盛即位，准备为父亲举行葬礼。唐军到达柳谷，探马报告说麴文泰的葬礼即将举行，到时候高昌军队和要员都会集中在一处。众将纷纷要求抓住时机，全部歼灭他们。侯君集却说："万万不可。因为高昌骄慢无礼，天子才派遣我们替天行罚。如果乘别人丧葬发动袭击，不是问罪之师的所作所为。"于是，待其葬礼完毕，再行攻伐，将高昌城团团包围。面对唐军的威武气势，高昌城内人心惶惶，孤立无援麴智盛致信侯君集说："先王得罪天子，上天惩罚了他，他已经去世。我即位不久，没做对不起天子的事，还请尚书怜悯并详查。"侯君集回复说："如果你真能悔过，我也不难为你。只要你率百官投降，我便从轻处置。"但约定的时间已过，也不见麴智盛出门，侯君集下令攻城。士卒填平壕沟后，多辆抛石车同时抛射，飞石如雨，城内一片惶恐。侯君集又在城外筑建了一座十丈高的木楼，站在上面，可俯视城内的全部情况。城墙被撞破后，副将薛万彻跃马进城，诸将紧随而入。无奈之下，麴智盛被迫开门投降。唐军乘胜连下20多座城池，出兵近半年，即平定了高昌。捷报传至长安，唐太宗非常高兴，对每一位参战的将士都一一奖励。

高昌平定之后，围绕着如何处置这个地区的问题，唐政府内部展开了一场争论。唐太宗主张在高昌地区设置州县，号称西昌州。魏徵不同意，他说："陛下即位，高昌最先朝谒，不久，高昌见利忘义，劫掠商旅，阻碍其他部落朝贡，所以陛下派兵征伐。麴文泰已经死亡，其罪行也随之而去。应当以宽大为怀，安抚其民，扶立其子。如果设置州县，守备军队不下数千人，况且高昌与中原远隔万里，守卒数年不能更换，他们离乡背井，舍家撇业，不可能不生怨愤。陛下不能从高昌获取粒米尺帛，却要浪费人力物力守备，岂不是得不偿失。"既然难以戍守又耗费钱财，还不如立麴智盛为王，主管那个地方，还可以笼络人心。唐太宗不听，执意设西昌州。不久，又改西昌州为西州，设置安西都护府，每年调兵千人戍守。黄门侍郎褚遂良也同意魏徵的意见，上书说："自古以来，泱泱大国，务必广求德化，不争荒野之地。今高昌诛灭，威动四夷。然而，自大军征伐之日开始，河西走廊一带供役不断，或修路筑桥，或运送粮食，青壮年供役，十室九空，造成的损失，5年也不能恢复。如今又每年派遣戍卒屯守，征程万里，山高路远，还要自备行装。仅途中死亡的就难计其数。河西是大唐的心腹之地，高昌则为偏远别壤，何必耗费中华资财去守备不毛之地呢？从前，陛下平定突厥、吐谷浑后，都立其君长，百蛮无不畏威慕德，如今平定高昌，也应该选择高昌可立为君长的人立之，召集各部首领还归本土，长期为我朝藩属，才能夷狄乐业，中国不扰。"但这个建议也被唐太宗否定了。

以前，对待归附的少数民族，唐太宗往往是让他们自己进行统辖，但是，却没有对高昌实行同样的政策。贞观十六年（642），他任命郭孝恪为安西都护、西州刺史，州治为高昌旧都。他还发配犯罪之人到高昌去戍守，一方面是对他们的惩罚，另一方面，可以减轻正规士兵的压力。唐太宗对这一地区的治理不仅十分重视，而且讲究策略。从当时的情况看，唐太宗在高昌设立西州是正确的。由于高昌地处唐朝通往西域的必经之地，占据了高昌，实际上就保证了丝绸之路的畅通。

平定高昌之后，太宗决定进一步打击西突厥。唐军一举攻下高昌，就为在西域的统治建立了据点，也为打击西突厥在焉耆、龟兹的势力奠定了基础。贞观十八年（644），焉耆国王突骑支背叛唐朝归附西突厥，安西都护府都督郭孝恪上疏，奏请出击平叛，唐太宗应允。郭孝恪带领了3000步兵和骑兵，以西州道行军总管的身份，绕出银山道，趁夜间袭击王庭，活捉了突骑支。唐太宗听到捷报，对郭孝恪大加赞赏。不久，唐朝设置了焉耆都护府。

龟兹在焉耆的西面，经济文化比较发达。贞观初年，与唐朝时常有使者往来。随着西突厥的强大，龟兹逐渐改变了对唐的友好态度。贞观十八年，郭孝恪进兵焉耆的时候，龟兹还曾派兵援救突骑支。为了统一西域，贞观二十二年（648），唐太宗命令阿史那杜尔、契苾何力、郭孝恪等将领，率领铁勒、突厥等 13 部 10万人共同讨伐龟兹。第二年，阿史那杜尔攻破了龟兹都城，龟兹国王轻骑逃走，跑到拔换城，依靠险要之地固守。阿史那杜尔连攻 40 天，生擒龟兹国王。又乘胜追击，一连收复了 5 座城市。在唐军连连获胜的情况下，70 多座城池的首领主动投降，龟兹国很快就全部收复。在唐军平定了龟兹之后，西突厥各首领惧怕唐军的威力，服属唐朝，向其称臣，每年派使者带着贡品到长安朝拜。

为了有效地控制西域，保护商路，唐太宗将安西都护府迁至龟兹，并设立了龟兹、疏勒、于阗、碎叶四个军事重镇，合称"安西四镇"，统归安西都护府管辖。至此，唐太宗基本上完成了统一西域的大业。

唐太宗统一西域，使唐帝国的疆域空前辽阔，东至大海，西部直达中亚的石国（今属哈萨克斯坦），南至林邑，北抵大漠，东西长 9510 里，南北长 1.0918 万里，成为当时世界上最强大的国家。四个军事重镇（安西四镇）的设置，造就了安定的社会秩序，为东西方来往的商旅提供了有效的安全保障。丝绸之路上，商旅不绝于途，品种繁多的大宗货物在东、西方之间传递，丝绸之路成了整个世界的黄金走廊。

5. 和亲吐蕃

吐蕃属古西羌族的一支，是西藏最早的居民，也是今天藏族的祖先。公元 3 世纪左右，西藏进入文明时代。吐蕃人勇敢善战，他们认为战死是光荣的，如果谁临阵逃跑，别人就拿一个狐狸尾巴挂在他的帽子上，嘲笑他像狐狸一样胆小。在吐蕃语中，刚强雄健为"赞"，丈夫为"普"，所以其首领叫做"赞普"，意为雄壮而强悍的男子。其官有大相、小相，分别称为大伦、小伦。他们生活的地区，多积雪，天寒地冻，盛夏季节如同中原地区的春季。部民不居城郭房舍，赞普居住在用毛毡围成的帐篷内，叫做大拂庐，可容纳数百人。部民居住在小拂庐内，人多长寿，不乏活到百余岁的人。他们逐水草而居，过着游牧生活。从魏晋至隋唐，在西藏高原上相继出现了 3 个割据政权，相互攻打，战乱不已。结束分裂局面，完成统一大业的，是吐蕃杰出的民族英雄松赞干布。

公元 629 年，松赞干布继位为第 32 世赞普。他继位后，先后征服了其他部落，统一了西藏高原，建立了统一的奴隶制国家。松赞干布精通骑射，力量过人。他在首都逻些（今拉萨）的布达拉山修建宫殿，建立了强大的奴隶制帝国。松赞干布热心接受周边各族的文化。他召集了天竺的学者、尼婆罗的手工业技师、大食的医生等，但他最倾心的是中原的唐朝。随着唐朝统一西域，声威远播，松赞干布更加仰慕唐朝的强盛国力和灿烂文化。

贞观八年（634），吐蕃第一次派遣使者，沿唐蕃古道来到长安，朝拜纳贡。此时，唐朝正要对吐谷浑用兵，听说强大的吐蕃位于吐谷浑之南，唐太宗就想与吐蕃结为联盟。于是，派冯德瑕到吐蕃回访，双方正式开始了政治交往。松赞干布见到冯德瑕，惊喜万状，他听说突厥和吐谷浑等国可汗都娶唐朝公主为妻，也派遣使臣随冯德遐入朝，带着大批礼物，上表求婚。此时，唐朝已经征服吐谷浑，加之吐蕃距离遥远，唐太宗没有答应和亲之请。

吐蕃使者没能完成使命，回吐蕃后怕松赞干布斥责，便谎报说："我刚到唐朝时，唐朝待我很好，并许嫁公主。正在这时，吐谷浑的使者入朝，挑拨离间，大唐才转而冷淡，不答应许嫁公主。"松赞干布听后大怒，率军出击吐谷浑。吐谷浑挡不住吐蕃的攻击，于是败退到青海湖以北地区。随后，松赞干布又向唐朝施加压力，带兵20万进犯松州（治所在今四川松潘），并派遣使者带着金甲再次来唐朝迎接公主，声称："如果不许嫁公主，当亲率精兵，攻取唐朝，强夺公主。"面对吐蕃咄咄逼人的态势，唐松州都督韩威出兵迎战，结果被松赞干布击败，属地的其他少数民族纷纷叛唐归附吐蕃。唐太宗闻讯，立即派吏部尚书侯君集为统帅，率领右领军大将执失思力、右武卫将军牛进达、右领军将军刘兰等3部约5万兵力，奔赴松州，抵御吐蕃。松赞干布骄傲轻敌，结果两军交战后被打得大败，只得收兵退回逻些。

松赞干布本来无意对唐朝发动战争，用兵的目的在于向唐朝施加压力以求通婚。面对唐朝的大军进逼，只得败退，然后遣使向唐太宗谢罪，第3次请婚。其实，唐太宗也不愿同吐蕃发生战争。真可谓不打不相识，唐太宗既感到了松赞干布的友好诚恳，也了解了吐蕃的强盛国力，为了西部边境的安宁，加强与吐蕃的友好往来，这次，欣然同意了和亲请求。闻听此讯，松赞干布欣喜若狂。贞观十四年（640），派宰相禄东赞率领一队骑士，携带黄金5000两及大批珍宝，到长安请求通婚。唐太宗在太极殿隆重接待了禄东赞，答应把宗室女文成公主嫁给松赞干布。于是，历史上留下唐太宗"八难"吐蕃智相禄东赞的传说。一难丝线穿曲孔宝珠；二难百匹马驹认母；三难吃肉揉皮；四难饮酒不溢不醉；五难辨认圆木的根梢；六难漆黑夜晚认住所；七难母鸡与雏鸡的关系，八难辨认真假公主。后来，《西藏王统记》《西藏王臣记》以及藏戏《文成公主》等著述中，都生动地记录了此传说。下面是一个流传甚广的"三难婚使"的故事。

　　据说当时到长安求婚的有五个国家的使臣，他们都带着贵重的礼品，想要迎娶唐朝的公主。究竟把公主嫁给谁呢？唐太宗决定出个难题，来考一考这些使臣，看是谁聪明能干，凭此再作决定。唐太宗把各位使臣请到宫殿里，拿着一颗九曲明珠和一束丝线，对他们说："你们当中有谁能把丝线穿过明珠中间的孔，就把公主嫁给谁的国王。"原来，这颗明珠有两个相通的珠孔，孔眼一个在旁边，一个在正中。由于中间的孔道弯弯曲曲，所以叫九曲明珠。这样的明珠，要想用一根软软的丝线穿过去，非常困难。几位使臣都拿着丝线直发愁。但禄东赞很快就想出一个办法，他找到一只蚂蚁，拿一条马尾鬃拴在蚂蚁的腰上，把蚂蚁放在九曲明珠的孔里，然后不断地向孔里吹气。一会儿，这只蚂蚁就拖着马尾鬃从另一端的孔中钻出来了。禄东赞又把丝线接在马尾鬃上，轻轻地一拉，丝线就很快地穿过了九曲明珠。

　　唐太宗又出了第二个题目。他让人把使臣带到御马场，御马场左右有两个大圈，一边是一百匹母马，一边是一百匹小马驹，唐太宗要求使臣们把它们的母子关系辨认出来。其他几个使臣也都束手无策，只有禄东赞想出了办法。他用吐蕃人民在游牧方面的丰富经验，让人不给马驹吃草和饮水。过了一天，他叫人把母马和马驹同时放了出来，只听见母马嘶叫，马驹哀鸣，小马驹一个个跑向自己的母亲那里去吃奶，母子关系就这样被禄东赞辨认出来了。禄东赞对唐太宗说："马的母子关系已经辨清，现在陛下可以将公主嫁给我们的赞普了吧？"但唐太宗说："还要再考查一次，然后才能决定。"

　　当天夜里，皇帝传召各国使臣入宫。使臣都急忙穿戴整齐，赶到宫里。只有禄东赞想得周到，因为初来长安，不熟悉路途，他担心回来的时候找不到路，就让随从带着红颜料，在去皇宫途中的十字路口上都做了记号。到了宫中才知道，唐太宗是请各国使臣到宫里看戏。看完戏后，唐太宗对他们说："你们各自找回去的路吧，谁最先回到住处，就把公主嫁给谁的国王。"禄东赞因为留有记号，很快就回到了住处。其他使臣则由于不熟悉路途，摸来找去，直到天亮后才回到住处。经过这三次考试，禄东赞都取得了胜利。唐太宗非常高兴，心想：松赞干布的臣子都如此聪明机智，松赞干布的才华就可想而知了，于是，就这样决定将文成公主嫁给吐蕃赞普。

这个故事的版本还不止一个，见于另一个版本的题目是：唐太宗将文成公主夹杂在 300 位打扮得一模一样的美女里面，令使臣们找认，认出者公主可随之而去。禄东赞先找服侍过文成公主的人，打听公主的模样和特征，得知公主眉心有一颗朱砂红痣，终于认出公主。

贞观时期著名画家阎立本的名作《步辇图》，描绘的就是唐太宗接见禄东赞的情景。画面上，唐太宗祥和地坐在步辇上，由一群宫女服侍着徐徐前行。一个身穿红袍的礼官，引导身着藏袍的禄东赞上前朝见。禄东赞神色恭敬，十分认真，身后还跟随着一位穿白袍的翻译。整个画面气氛亲切和谐，表现了唐朝和吐蕃的友好关系。待文成公主的陪嫁物品备齐以后，唐太宗命族弟江夏王李道宗送公主入藏（文成公主大概是江夏王李道宗的女儿）。

贞观十五年（641）正月十五日，文成公主在长安欢庆元宵佳节的喜庆气氛中，冒着凛冽的寒风，告别依依不舍的亲人，离开繁华热闹的故土，踏上了远嫁吐蕃的漫漫征程。文成公主一行，出长安后由西而南，经青海到西藏。一行人走的路被称后人为唐蕃古道，是唐朝与吐蕃的使者（包括会盟、报丧吊祭、遣俘、迎接公主等）走的路线。其路线从长安出发，经今甘肃天水、兰州，转入青海，经民和、乐都、西宁、湟源、日月山等，再由黄河北岸西上，过鄂陵湖、扎陵湖，然后渡黄河，经玉树地区，再往西南，经今藏北黑河到拉萨。这条路迂回曲折，绵延数千里，仅青海境内就有 1000 余公里。

文成公主的随从，有乳娘、宫女、乐队、工匠、官属，还有江夏王率领的卫队。他们带着华贵而丰富的妆奁，其中有金银、珍宝、绸帛等，显示了唐朝的富有和强大；经史、诗文、佛经、佛像、历法、医药等，显示着唐朝高度发达的文化；先进的生产工具、谷物种子和农业、手工业技术人员，显示了唐朝高度的文明。

当时，住在青海的吐谷浑首领已接受唐朝河源郡王的封号，并娶弘化公主为妻。所以当文成公主途经青海时，受到热烈的欢迎。贞观十五年（641），松赞干布亲自到柏海（今青海省鄂陵湖）迎接文成公主。在河源（治所在今青海兴海东南）遇到江夏王李道宗等，松赞干布见到唐朝士女俊爽风流，中原文物典雅华美，十分高兴，他穿上汉族的服装，以子婿之礼拜见了江夏王李道宗，然后派人送他回唐朝复命。

松赞干布将文成公主接到吐蕃后，对亲近大臣说："我祖、我父都没有与大国通婚，我却得以娶唐公主，实在是三生有幸啊！"为了让文成公主能安心在吐蕃生活，松赞干布让随同公主入藏的汉族工匠建造唐式房屋，让文成公主居住。文成公主入城的那一天，逻些城内外，到处洋溢着欢乐的气氛，万人夹道，争相目睹大唐公主的风采。文成公主进入吐蕃后，为吐蕃的发展和汉藏团结做出了很大贡献。

第一，促进了汉藏良好关系的发展。在唐太宗答应和亲，松赞干布派禄东赞赴长安送聘礼的时候，由于禄东赞机智干练，深得唐太宗赏识。唐太宗不仅授予他右卫大将军之职，而且还把自己的外孙女段氏许配给了他，表明了唐太宗对吐蕃的好感。而文成公主入藏，则奠定了唐和吐蕃友好关系的基石。文成公主入藏后，松赞干布对大唐的仰慕之情有增无减。文成公主作为汉族人民的友好使者，在吐蕃生活近40年。期间，唐和吐蕃没有发生大的冲突。贞观十九年（645），唐太宗征伐高丽归来，松赞干布让禄东赞上书唐太宗说："陛下平定四方，日月所照，无不称臣。高丽自恃地处偏远，不尽应有的礼节，天子亲率大军征讨，凯旋之日，指日可待。大雁在天上飞，也没有这么快。鹅和雁是同类，臣特意用黄金冶制一只鹅，献给陛下，略表寸心。"据《旧唐书》记载，那只金鹅高七尺，可盛酒三斛。用黄金之多，可想而知。其实，唐太宗征高丽，虽然费尽心机，但最终大败而归。松赞干布称其指日凯旋，送献金鹅庆贺，不过是对唐太宗的奉承。贞观二十二年（648），唐太宗派王玄策出使西域，西域各国都奉送大批贡品，王玄策回国途中被天竺劫掠，逃到吐蕃求援。松赞干布当即发精兵1200人，归王玄策指挥，一举将天竺军队击败。

贞观二十三年（649），唐太宗病逝。松赞干布遣使吊祭，贡献金银珠宝15种。并写信给长孙无忌，表示效忠初即位的唐高宗。唐高宗为了嘉奖其忠心，授松赞干布驸马都尉，封他为西海郡王。永徽元年（650），松赞干布病逝，唐高宗为其举哀，派右武侯将军鲜于臣前往逻些城吊祭。永隆元年（680），文成公主在吐蕃逝世。由于她始终不渝地贯彻了唐太宗开明的民族政策，为汉藏友好和吐蕃的文明进步做出了重要贡献，她受到了汉藏人民的衷心爱戴和尊敬。吐蕃人民为她举行了隆重的祭奠仪式，将她的塑像与松赞干布的塑像供奉在一起。为了纪念她，把她入逻些的日子——藏历四月十五日，作为她的诞辰。唐代诗人陈陶在《陇西行》一诗中说："自从贵主和亲后，一半胡风似汉家。"

第二，促进了吐蕃社会经济的发展。当时的吐蕃，生产力比较低下。而唐朝则是最发达、最繁荣的国家，拥有世界上最先进的生产技术。因此，通过汉藏联姻，中原的生产方式传入吐蕃，对吐蕃社会经济的发展产生了极大的促进作用。文成公主入藏时，带去了一些谷物种子、技术人员和各种各样的工匠。相传当地藏族农民在文成公主的影响下，学会了平整田地、筑垄挖沟、施肥除草等技术，提高了耕作水平。公主还教藏族妇女纺织、刺绣。在有些地区，汉族工匠装置上碾碢，用水力来磨青稞，使吐蕃人学会了使用水力的技术。制陶、制墨、冶金、农具制造技术等也都传入吐蕃。

第三，改变了吐蕃落后的生活习俗。文成公主入藏前，吐蕃人以毡为盘，用手饮酒，以手抓食。文成公主带去制陶的工艺，使这一状况有所改变。土木建筑传入吐蕃后，吐蕃上层人物部分地改变了住帐篷的习惯。当时，吐蕃有以赭色涂面的习惯，文成公主认为不文明，松赞干布便下令禁止。唐朝还给吐蕃送了蚕种，用以养蚕，改变了吐蕃单调的毛皮衣料，还传授给他们酿酒技术等。

第四，促进了吐蕃思想文化的发展。文成公主平时信奉佛教，松赞干布在她的影响下，也提倡佛教，还修建了大昭寺，把公主带来的释迦牟尼像供奉在那里。文成公主带去的乐队，也大大丰富了藏族的音乐。从那以后，松赞干布还派遣吐蕃首领的子弟到唐朝的国子监读书，学习汉文化。他们回到吐蕃后，对吐蕃文化的发展做出了很大的贡献。唐朝许多有学问的人也被聘请到吐蕃去掌管文书。吐蕃原本无文字，以刻木结绳记事，文成公主入藏后，劝告松赞干布创制文字。松赞干布派人到天竺（今印度）留学，这些人回来后，参考梵文和古和阗文，创制了20个藏文字母，吐蕃从此有了自己的文字。吐蕃原来没有历法，不知节气，以每年麦熟为一年的开始。文成公主入藏时带去了天文历法书籍，吐蕃人参考汉历创制了藏历。

和亲作为一种政治行为，由来已久。在封建社会，是中原统治者对周边少数民族实行的和平政策。但不同时期，和亲的前提与目的意义也不尽相同。例如在汉初，由于北方匈奴强大，为了有一个稳定的社会环境，尽快发展凋敝的社会经济，汉帝国被迫与匈奴联姻，以阻止匈奴铁蹄的南侵。而唐太宗时期的和亲，是在国势强盛的背景下进行的，不是妥协的象征，而是开明民族政策的表现。

唐太宗在处理民族关系方面，提出了"爱之如一"的观念，也就是说，他改变了自古以来中原统治者对少数民族的轻蔑态度，能够平等地对待他们，把少数民族看做大唐的一员予以关爱。大唐公主下嫁，是对少数民族首领的恩赐。对于少数民族首领而言，能够成为大唐的女婿，是无比荣耀的事情。为此，他们要多次遣使者入朝，还要奉送大量的聘礼、聘金。

十一、后宫佳丽　内庭良佐

作为一个封建帝王，唐太宗过着妻妾成群的宫闱生活。后宫佳丽众多，仅为他生过儿子的后妃宫人就有长孙皇后、杨妃(隋炀帝之女)、阴妃、韦妃、杨妃、杨氏、王氏与燕妃等，这些皇后嫔妃在某种程度上或多或少地影响着唐太宗的政治生活。其中对唐太宗影响最大的是被称为内庭良佐的长孙皇后和徐贤妃。

1. 长孙皇后

长孙皇后生有 3 子 1 女：长子承乾，四子李泰，九子李治，公主长乐。她自幼喜欢读书，精通文史，做事讲究礼仪。13 岁时，与李世民结婚，从此，她的命运就和李世民的命运紧密联系在一起。唐王朝建立之后，李世民被封为秦王，长孙氏则被册封为秦王妃。当李世民为了争夺帝位继承权，与太子李建成、兄弟李元吉展开激烈的斗争时，长孙氏尽力弥合他们之间的矛盾，并帮助李世民争取各方面的支持。玄武门之变中，长孙氏亲临现场慰勉将士，极大地鼓舞了士气。玄武门之变后，长孙氏则被册封为太子妃。唐太宗即位，长孙氏又被立为皇后。

虽贵为皇后，长孙皇后并不骄傲自矜，一直保持贤良恭俭的美德。对待年老的太上皇李渊，她十分恭敬，周到细致地安排他的起居，每日必去请安。在后宫，皇后具有至高的权力，她不恃权倨傲，对待后宫的嫔妃，她宽容恭顺，真正做到了母仪后宫。唐太宗有时情绪不好，迁怒于宫人时，皇后从不火上浇油，而是先顺着唐太宗，指责宫人得不是，暂不治罪，等太宗的怒气消退后，再作妥善处理。这样做，既可避免太宗滥施刑罚，也确保不让宫里人受委屈。在封建社会，后妃之间的关系常常是相互争宠，好像仇敌一样，但是长孙皇后对待嫔妃十分友善。嫔妃有生病的，她会亲自前去看望，有时候还拿自己的药给她们吃。因此，长孙皇后赢得了嫔妃的敬重和爱戴。唐太宗的后宫很少出现争风吃醋的事，这在历代的后宫中是罕见的。长孙皇后以国家大局为重，不希望后宫的争斗影响到国家的政局和皇帝的心情，她不愧是唐太宗的贤内助。

虽出身显贵之家，又富有天下，但长孙皇后生活俭朴。她穿衣不讲求奢侈华美，宴饮不求铺张排场。她对子女的要求也非常严格，她不允许子女违背礼节，不准他们过分奢侈。长孙皇后所生的长乐公主，深受太宗的钟爱，唐太宗送给公主的嫁妆要比其他的公主多很多。按照唐代的规定，皇帝的姊妹和女儿出嫁的待遇应该是一样的，但是当时的长公主也就是唐太宗的妹妹永嘉公主的嫁妆却没有长乐公主多。魏徵听说此事，上谏说："所以有长公主的称谓，就是使其尊于公主。对于陛下来说，虽然感情上有差别，在道义上应当是一样的。假如让公主之礼超过长公主，在道理上行不通，请陛下三思。"退朝后，唐太宗将魏徵的劝谏告诉长孙皇后，皇后为之感叹，对唐太宗说："从前听说陛下器重魏徵，却不知原因何在，今天听到他的上谏，我知道他能以道义来制约君主的感情，真是正直的社稷之臣啊。我和陛下为夫妻，每次要说出自己的心意之前，还要观察您的脸色，不敢轻易冒犯，何况魏徵身为大臣，您贵为国君，这之间的距离要比我们夫妻远多了。即使这样，魏徵还能常常抗颜犯上，坚持自己的主张，纠正国君的失误，陛下一定要听从他的意见啊！忠言逆耳利于行，对于国家来说，采纳就会安宁，杜塞就会动乱，陛下能考虑这件事，真是国家的大幸啊。"皇后没有从批评皇上度量狭小入手，而是从表扬皇上的立场来维护魏徵的直言，说服皇帝的方式非常巧妙。不久，长孙皇后还派人给魏徵家送去丝帛 500 匹，以表谢意。

长孙皇后对亲生儿子也不加溺爱，经常用谦虚节俭等来教育他们。太子承乾的乳母遂安夫人经常向皇后请求增加太子的宫中用度，皇后每次都不答应，还对她说："作为太子，就怕没有德行和好的名声不能远扬，怎能因为宫中用度这样的事情担忧呢！"长孙皇后对不是自己亲生的子女也能够一视同仁。太宗有一个女儿，叫做豫章公主，是嫔妃所生，不幸母亲早死，长孙皇后就把她视如己出，慈爱超过了自己的儿女。

长孙皇后还是一个很有政治眼光的人。唐太宗有一匹骏马，十分喜爱，专门在宫中筑苑饲养。有一天，这匹骏马突然无病暴死，太宗迁怒于养马的宫人，要将其诛杀。长孙皇后对他讲了一个故事，她说："过去齐景公因为马死了就要杀人，晏子为他列数养马人的罪状说，'你养马而马死了，这是你的第一条罪状；现在你使得国君因为马死而要去杀人，百姓听到这个消息，必然怨恨我们的国君，这是你的第二条罪状；各国诸侯听到这个消息，必然轻视我们齐国，这是你的第三条罪状。'齐景公听完后，就赦免了养马的人。"长孙皇后接着说："陛下读书时一定读到过这个故事，难道忘记了吗？"唐太宗听了她的话之后，怒气渐渐平息，就赦免了养马人。不久，又对房玄龄说："皇后以小事来启发我，对处理政事很有帮助。"长孙皇后有个同父异母的哥哥，名叫安业，是个无赖之徒。皇后的父亲逝世时，皇后和兄长无忌都还年幼，安业竟然把他们赶出家门，皇后和无忌只好到舅舅高士廉家生活。但是皇后对此并不介意，唐太宗即位后，又请太宗不要慢待安业，安业竟官至监门将军。后来安业又参与了刘德裕的谋反事件，罪该处死，长孙皇后替他求情说："安业之罪，万死无赦。从前他对我兄妹不仁慈，天下都知道，如今处他以死刑，人们必然说我恃宠报复，会以此认为国家不公正。"安业才得以减免死罪。

长孙皇后以她的品德和才华赢得了唐太宗的敬重，因此，唐太宗常常与她一起讨论赏罚之事，长孙皇后却自谦为女流之辈，只听不答，不敢过问政事。她害怕开启皇后恃权干政的先例，造成政出多门。她常通过和唐太宗讨论历史上治乱兴衰的经验教训，借古喻今，巧妙地启发和帮助唐太宗。

不仅自己不愿意干预朝政，长孙皇后还对外戚干政深恶痛绝。外戚利用裙带关系形成政治集团势力，随着皇后干政，外戚集团就得以参与军国大事，甚至凌驾于皇帝之上。熟谙经史的长孙氏知道，历史上外戚专权引发的多是消极的后果。比如东汉的外戚窦氏虐待百姓，骄奢淫逸，杀戮无辜，结党营私，排斥贤能，引起公愤，最后家破人亡。长孙皇后还曾经撰文讨论东汉马皇后外戚专政之事。在东汉一代后妃中，马皇后的德行学识，堪称楷模。由于她谦恭谨慎，事亲至孝，奉君至忠，历史上称她为贤后。汉明帝去世后，章帝即位，她被尊为皇太后。她极力反对汉章帝加封她的三个兄长为列侯，但无济于事，最终只得同意家兄接受封爵并参与朝政。之后又对其家族过于奢华的排场加以训诫，但仍然未能禁止他们的专权。对此，长孙皇后写文章说，马皇后不能抑退外戚，容忍他们当政，过着奢华生活，这就是开其祸源啊！为了避免自己的家族身败名裂，她经常提醒唐太宗防止外戚干政。

　　长孙皇后的哥哥长孙无忌与太宗有旧交，又是玄武门夺权的主要谋划者，因此备受唐太宗信任。唐太宗准备让他出任宰相，处理朝政。长孙皇后却持反对意见，她对唐太宗说："妾既然身居后宫，尊贵已极，实在不愿看到兄弟子侄布列朝廷。汉代吕氏、贾氏外戚干政的教训不可忘记，特请不要以妾兄为宰相。"唐太宗不听，仍用长孙无忌为左武侯大将军、吏部尚书、右仆射。后来，皇后又暗中让无忌以外戚不宜为相的理由辞职让位，唐太宗勉强同意，改授其为开府仪同三司。因为开府仪同三司的官位虽为一品，但却没有实际的政治权力，可以避免出现外戚干政的局面。从此，长孙皇后才松了一口气。在封建社会，因皇后受宠，其娘家成为权势显赫之家的事，屡见不鲜。但长孙皇后深明大义，心胸宽广，严于律己，实在难能可贵！

　　贞观八年（634），长孙皇后患病，太子承乾入宫侍奉，对太后说："御医遍诊，良药尽用，病情却不见好转。我准备奏请赦免囚徒，以祈求佛道保佑。"长孙皇后对儿子的关心十分欣慰，但并没有让儿子去做。她耐心地对承乾说："死生由天命决定，并不是人力所能决定的。况且赦免囚徒是国家大事，岂能因我一个人而败坏了国家的制度？"承乾虽不再奏请，却将这件事告诉了房玄龄，唐太宗及大臣们无不为之感叹。朝臣们都请求赦囚，太宗允许，长孙皇后知道后，却坚持不能因她一人而破坏国家制度，这件事才被中止。

贞观十年（636），长孙皇后病重。当时，房玄龄因为一件小事得罪了唐太宗，太宗一气之下让他解职归家。在弥留之际，长孙皇后劝谏唐太宗说："房玄龄侍奉陛下那么久，做事情小心谨慎，提出过很多好的策略，这是大家有目共睹的，这样一个人，如果没有大的错误，请您不要废弃他。"长孙皇后对贞观重臣的关切，是从国家大局着眼的。她还曾经劝说唐太宗要接纳忠诚之臣的进谏，不要相信谗言，省却过度畋猎给百姓造成的劳役。在她病危的时候，她再三叮嘱，表示只要太宗能够做这些，她就死而无憾了。

长孙皇后临终的时候，对太宗说："妾活着时无益于当世，死后也不可厚葬。况且葬就是藏的意思，不想让别人见到。自古以来，圣贤都崇尚俭朴，只有无道的人才大起山陵，劳费天下，被有识之人所讥笑。我只请求因山而葬，不起坟，不用棺椁，所用器服，都用木器、瓦器，俭薄送终，这就是对妾最好的纪念。"贞观十年（636）六月，长孙皇后逝世，年仅36岁。

唐太宗并没有完全按照皇后的意思办理后事，他下令修筑了气势雄伟、规模宏大的昭陵，还特意在园中修筑了一座楼台，寄托对长孙皇后的仰慕与怀念。

长孙皇后喜好读书，她曾经总结评价古代妇女的得失，写成《女则》一书，共30卷，还亲自写了序言，作为效法古贤的借鉴。她认为撰写《女则》的目的是砥砺自己，因此不愿示人。她去世后，宫司才将这本书呈送给唐太宗。太宗看后非常感慨，把它拿给近臣们看，十分动情地说："皇后这本书，足以垂范百世了！"之后，他追忆起长孙皇后为实现贞观之治所做的努力，无限感慨地说："皇后在世时，多能规谏，弥补朕的过失。现在我回到后宫，不能再听到皇后的规谏之言了，我失去了一位贤内助，真的无法忘记她啊！"

　　人们常说，一个成功的男人背后，站着一个伟大的女性。李世民治理天下，盛极一时，除了依靠他手下的一大批谋臣武将外，也与他贤淑温良的妻子长孙皇后的辅佐分不开。长孙皇后以贤淑的品性和无私的行为，不仅在当时赢得了朝廷内外的一致敬仰，而且为后世树立了千古贤后的典范。唐高宗时，她被尊为"文德顺盛皇后"。

2. 徐贤妃

　　另一位对唐太宗影响较大的女性是徐贤妃。徐氏名惠，是东海郯人。她自幼聪明，据说出生5月之后就会说话，4岁的时候就可以口诵《论语》、《毛诗》，8岁就写得一手好文章。她遍涉经史，手不释卷，温柔典雅，闻名遐迩。果敢刚毅的唐太宗，喜欢与自己的性格具有互补性的知书达理、性情温柔的女子。因此，唐太宗对她十分欣赏，把她纳为才人，不久拜为婕妤，后又升为充容（九嫔之一，正二品）。

　　徐惠对贞观时期的政治十关心，也希望能用自己的才学和智慧帮助太宗。唐太宗晚年，由于国家东征高丽，西讨龟兹等地，加重了农民的赋税负担，百姓发出了很多抱怨。徐妃针对这一现象，在贞观二十二年（648）进谏说："自贞观以来，已有二十二载。风调雨顺，连年丰收，人民没有水旱之灾，国家没有饥馑之人，百姓倾心，国泰民安。但是，近年力役不断，兵马都疲于战斗，舟车也倦于转输。虽然除凶伐暴是国家的使命，但穷兵黩武，自古以来是先哲所戒备的事情，都十分慎重。百姓太过劳累，就会发生变乱了。从前，秦始皇兼并六国，反而二世而亡，晋武帝统一边疆，反而转成为败，这都是因为矜功恃大、图利忘害、肆意恣情所致。"因此她劝谏太宗能够怜惜体恤百姓，多给百姓一些恩惠，免去他们的劳役，慎终如始，永成盛业。唐太宗连连称是，非常赞同她的意见。

同时，徐惠对太宗大兴土木、建造宫殿也提出了规谏，她说："翠微、玉华这样的宫殿，然虽依山傍水，没有筑构之苦，但也是扰乱百姓的事情。有道的国君，用安逸静养来对待百姓的；无道的昏君才会为了满足私欲而劳役百姓。"她认为，役使百姓有所节制，就可以使百姓的力量永远供给君主享用。她劝说太宗要像贞观初期一样，用过一段时间后，让老百姓休养生息，百姓一定会很高兴。唐太宗认为她说得很有道理，就采纳了她的建议，并且重重地赏赐了她。

贞观末年，随着国力的强大，唐太宗已不如贞观前期那样清明了。徐贤妃及时地发现，并且大胆谏言，无疑有利于唐太宗保持清醒的头脑，防止其统治走下坡路。作为年轻的嫔妃，徐妃能忠诚直谏，尤其难能可贵。可以说，徐妃同长孙皇后一样，也称得上是太宗的一位后庭良佐。

十二、废立太子　长眠昭陵

1. 太子风波

太子是皇位的继承人，太子的选立关系到国家政权的连续和稳定。因此，历代封建统治者都十分注意太子的选立和培养。

自古以来，就有立嫡以长不以贤、立子以贵不以长的继承原则，这是确立君主继承人的标准。太宗共有 14 个儿子，其中，长子承乾、四子魏王泰、九子晋王治都是长孙皇后所生，三子吴王恪是隋炀帝女杨妃所生。史书中的评价是：吴王恪和魏王泰最具贤德，兼有才气。按照立嫡以长的原则，唐太宗即位后两个月，就立其长子李承乾为太子。

李承乾，长孙皇后所生，武德二年（619）于长安承乾殿出生，因此得名。武德三年（620）封恒山王，武德七年（624）徙封中山王。唐太宗即位后，立为太子。当时，承乾只有 8 岁。为了培养太子，唐太宗任命德高望重的李纲做太子少师，御史大夫萧瑀为太子少傅。李纲患有脚疾，不能长时间穿鞋行走，唐太宗特赐小轿，令东宫宿卫抬着轿入宫。又让皇太子上殿，亲自拜师。李纲受到太宗皇帝的信任和礼遇，自然尽职尽责，向太子讲述君臣父子之道，过问太子的起居膳食，理顺辞直，令人敬佩。少年时期的李承乾十分聪敏，谨记老师的教诲，深得太宗喜爱。

贞观九年（635）五月，太上皇李渊患病驾崩。李世民在守丧期间，便让已经17岁的承乾太子处理一些政务。承乾处事十分果断，唐太宗很满意。每当唐太宗离京，都让承乾监国，处理日常事务，以锻炼其处理政事的能力，以便使李氏江山后继有人，长治久安。

生于深宫的李承乾与其父相比，缺乏对社会生活的了解，缺乏对先辈艰苦创业的认识，因而胸无大志，目光短浅。长大后，喜好声色，漫游无度，不听忠告，只因怕太宗皇帝知道，才不敢明目张胆。他害怕太宗了解他的劣迹，每次上朝临政，所说的都是忠孝之道，一旦退朝之后，就跟一帮奸佞小人厮混。凡东宫官员想进谏劝说的，承乾都能事先揣摸出他们的意图，巧言善辩，装作知错悔改。身为父皇的唐太宗对承乾的性格了如指掌，但开始的时候，并未放弃对太子的教育。贞观五年（631），李纲病逝，唐太宗将教育太子的重任交给于志宁和李百药。

于志宁早年是秦王府的谋士，唐太宗对他十分信任。授于志宁散骑常侍、行太子左庶子，位在三品。唐太宗对于志宁说："自古以来，太子出生后，就设置辅弼。从前，周成王幼小，周公、召公作为他的师傅，每天讲授做人处事的道理，使之习以成性。今皇太子年幼，卿当辅以正道，不要使邪恶渲染其心。"

于志宁知道承乾曾多次违犯礼法，下决心挽救太子，特撰写《谏苑》20卷，以讽谏太子。于志宁因母亲去世，请求居丧3年，唐太宗派中书侍郎岑文本到于志宁的住宅挽留，劝导他说："自古忠孝难两全，太子需要人辅弼，你应当有所取舍，不可殉以私情。"当时，承乾太子大兴土木，营造密室。于志宁上书劝谏说："克俭节用，是弘扬道德的根源；崇侈恣情，是败坏道德的根本。修建华丽的宫室，雕墙装饰，自古都引以为戒。从前，赵盾匡扶晋国，吕望辅弼周朝，或者劝他节财，或批评他厚敛，都是尽忠报国，竭诚奉君。著录于史书之中，传为美谈。如今太子所居住的东宫，是隋朝时所营建，凡是看见的人都认为奢侈，叹其豪华。这样的宫殿，怎么还用装饰呢？况且丁匠官奴，都是因为犯法才被收监，他们长期在宫内服役，往来御苑，出入禁闱，身带钳凿，手执槌杵，会对东宫人员的安全构成威胁，臣下怎能不担心呢？再说郑、卫之乐，自古以来被称为靡靡之音，墨子、孔子都曾对此提出批评。先贤既然认为不好，我们就不应提倡。圣上从前的教导，应当牢牢记住。圣旨明诫恳切，殿下不可不思。臣在东宫已有多年，有所见闻，不敢不言。犯颜逆耳，恳请殿下能停止修建东宫，杜绝靡靡之音，远离小人，亲近大臣，以不孚众望。"

于志宁引经据典，苦口婆心劝承乾远离宦官，修德行仁，以成就大业。而承乾却置若罔闻，在农忙季节征发民役，又不许轮班，引起工匠的怨恨。又私自让突厥人达哥支入宫，嬉戏为乐。于志宁见状，再次上书劝谏，承乾却认为于志宁言语尖刻，大怒不已，暗中派刺客张师政、纥干承基刺杀于志宁。二人潜入于志宁住宅，看到堂堂三品高官竟住在一处破旧的房屋内，家徒四壁，认定于志宁一定是位清廉的官员，实在不忍心将其杀害。

承乾的另一位老师是李百药。李百药是隋内史令李德林的儿子，饱读经史，学富五车，被称为四海名流。李百药作《赞道赋》叙述古来储君成败等事，以劝诫太子。唐太宗看到后深为赏识，遣使对李百药说："朕在皇太子处看到卿所作《赞道赋》，讲述古往今来的太子的成败来劝诫太子，很有道理。朕让你辅弼太子，正是为了这个目的。大任委身，职责重大，望能善始善终。"唐太宗如此信任，令李百药十分感动。他以自己渊博的学识，多次讽劝太子，但承乾太子却终不悔悟。李百药见太子不可教化，便借故辞职。

唐太宗又于贞观七年（633）任中书侍郎杜正伦担任太子的老师。杜正伦曾是秦王府文学馆学士，以敢于直谏而闻名朝野。唐太宗对杜正伦说："太子的培养，历来备受重视，所以一定要选择良师辅佐。如今太子年少无知，志意未定，有很大的可塑性。朕不能朝夕相见、随时告诫，我知道你学识渊博，志怀高远，所以委以重任，匡扶太子。"不久，唐太宗还分析了太子的处境，对杜正伦说："朕18岁时，还是普通的人，生活在民间，对百姓疾苦无所不知。及朕即位，处理事务，还时有偏失。太子生长在深宫，看不到百姓的疾苦，因此到他们长大成人后，都非常骄逸，最终导致国家倾覆，很少能够自我改正的。"他希望杜正伦要极力劝谏，严加督察。承乾对杜正伦的劝谏不闻不问，依然我行我素。杜正伦只好打出太宗的旗号，想用太宗的嘱咐来警告太子。承乾竟倒打一耙，上表太宗说杜正伦拿皇上压人。唐太宗对杜正伦泄露自己的私嘱十分生气，将杜正伦贬为谷州刺史，赶出东宫。

可怜天下父母心，皇帝也不例外。杜正伦被贬官后，唐太宗又挖空心思给承乾太子选择良师。他任命大儒孔颖达、给事中张玄素等担任太子老师，希望他们共同辅佐，匡正太子过失。孔颖达曾与其他名儒一起修订过《五礼》，名显一时。承乾太子多有不法行为，孔颖达每次都犯颜直谏。太子乳母遂安夫人说："太子已长大成人，为什么多次当面指斥他的过错？"孔颖达回答说：

"我蒙受皇帝的信任，才对太子直谏。只要对国家有利，死无所恨。"孔颖达的谏诤情真意切，但承乾太子却无动于衷。

贞观十二年（638），孔颖达升任国子祭酒，唐太宗又命张玄素为太子的老师。承乾在宫中击鼓戏乐，张玄素叩头切谏，承乾就拿出宫里的鼓，对着他的面毁掉它。张玄素对承乾太子恨铁不成钢，一再苦心相劝，承乾不仅听不下去，还十分反感。他甚至说："我作了天子之后，就要放纵我的欲望，前来进谏的人，我就要将他杀死，这样杀掉500人，就不会再有人敢进谏了！"贞观十六年（642）六月，唐太宗规定皇太子用国库里的物品，有司不要加以限制。这样，承乾更加挥霍无度。张玄素又上书太宗，请他不要过分骄纵太子，承乾对此怀恨在心，就派人埋伏在张玄素上朝的路上，用马鞭抽打他，张玄素差点丧命。

唐太宗和一位接一位老师的努力，都没有阻止太子承乾堕落的脚步。他不听劝谏，一意孤行。面对承乾的所作所为，唐太宗逐渐对他失去了信心。

当时，魏王李泰在朝臣中有很高的声誉，唐太宗便对他寄予厚望。承乾太子担心自己被废，对魏王十分妒忌。有位太常乐人，年仅10多岁，容貌艳丽，能歌善舞，承乾对她宠幸有加，称之为"称心"。唐太宗知道后大怒，将称心处死。承乾怀疑是魏王告密，对魏王更加怨恨。称心死后，承乾太子痛心不已，在宫中立其像，令官人早晚定时奠祭，承乾每次经过此处，都徘徊痛哭。

自此以后，承乾假称有病，在宫中游戏嬉戏，常常昼夜不停，几个月都不上朝。他还喜欢模仿突厥人的言行，说突厥语，穿突厥衣服。挑选长相类似突厥的人，每5人分成1小组，让他们辫上头发，身穿羊皮衣服，学习牧羊。自己则带领数人突然闯入羊群，杀羊而烹食。有时自己竟然装作死亡的突厥可汗，让手下人效仿突厥人发表，齐声号哭。作为堂堂大唐太子，竟羡慕一个突厥小头目，他忘乎所以地说："假如我做了皇帝，便率领一万精骑游猎在金城西边广阔的草原上，割去头发，委身突厥，当突厥可汗下的一个小头目，不是也很快乐吗?"真是荒唐至极。

虽然承乾恣情纵欲，但当他冷静下来时，也深知自己处在危险的境地，随时都有被废黜的危险。太子的失宠与魏王泰的被宠几乎是同时的，这就造成了魏王泰与太子之间的争斗。魏王泰暗存夺太子之位的志向，四处招揽贤能以求扩大影响。承乾也在暗中积蓄力量，发展势力，以图保住自己的地位。于是双方都大树朋党，朝中的文武之臣，各自有所附托。

太子培植了大批党羽，其心腹有兵部尚书侯君集、有汉王元昌、左屯卫中郎将李安俨、扬州刺史赵节、驸马都尉杜荷。侯君集本是唐朝开国功臣，随唐太宗南征北战，多有战功，太宗皇帝对他也很器重。贞观十四年（640），侯君集受命攻打高昌时，私吞战利品，被囚禁下狱，由于中书侍郎岑文本上书切谏才免罪释放。侯君集自以为功高，对被囚一事心怀不满,承乾便借机与侯君集结党。侯君集的女婿贺兰楚石当时在东宫宿卫，通过这一关系，侯君集多次被承乾召入东宫，为太子献计献策。做了亏心事，就怕鬼叫门,侯君集怕事情被泄露，心中不安，夜里常常被噩梦惊醒，连连叹气。他的妻子觉得奇怪，便对他说："你是国家大臣，怎么会这个样子，其中必有原因。如果有负国家，就应投案自首，也可保全尸首。"侯君集听不进妻子的话，又担心天有不测，便对承乾说："魏王受皇上宠爱，恐怕殿下会像隋太子杨勇一样被废，应当积极准备，以防万一。"

汉王李元昌是唐太宗的异母弟，因担任刺史期间，恣意妄为，遭唐太宗批评。他不仅不悔过，反而怀恨在心，因而成为太子争取的对象。贞观十六年（642），汉王元昌被承乾召入东宫，汉王元昌对承乾太子说："愿殿下早做天子。近来我朝见皇上，见他身边有一美女，善弹琵琶，殿下如果做了天子，请将这位美女赏给臣下。"承乾不仅答应了汉王元昌的请求，还拿出匕首，刺破手臂，用布沾血后烧成灰，与汉王和酒同饮，发誓同生共死。

太子承乾及其党羽预感到处境的岌岌可，为了保住自己的政治地位，密谋对策，制定了暗杀与政变的一整套计划：他们打算派刺客纥干承基等谋杀魏王泰，除去对手，保住太子之位。此计未成，又企图发动宫廷政变，要太宗放弃废太子的想法，或干脆逼迫太宗退位。策划这个行动的，是驸马都尉杜荷。他向承乾献计说："任何事情，都应先发制人。殿下可假装患了重病，皇上来看望时，用伏兵袭击，必能马到成功。"杜荷是宰相杜如晦的儿子，娶城阳公主为妻，本应知恩图报，效忠唐太宗。但他忘恩负义，竟与承乾太子勾结，图谋不轨。

正在承乾及其党徒密谋政变之际，李世民的另一个儿子齐王李祐在齐州发动了叛乱。

齐王李祐是唐太宗第五子，阴妃所生。武德八年（625），封宜阳王，后改封为楚王。贞观十年（636）又改封为齐王。他的舅舅阴弘智为他分析局势，告诉他说："你们兄弟多，皇上百年以后，谁的军事力量强大，谁就能拥有天下。你应招募武士，壮大自己的力量。"阴弘智还将自己的妻弟燕弘信推荐给李祐，让他帮助李祐暗中招募武士。为了教导齐王李祐，唐太宗命权万纪为齐王长史。见李祐常常有不法行为，正直有节的权万纪常犯颜直谏，太宗皇帝也多次责备李祐。李祐以为权万纪在太宗面前说坏话，出卖了他，对权万纪怀恨在心。而权万纪性格固执，做事认真，为了教导李祐安于正事，限制他出城门，放掉他围猎用的鹰犬，并将常与李祐打猎的人赶出齐王府。李祐忍无可忍，企图派人谋杀权万纪。不料事情泄密，刺客反被权万纪收捕入狱。唐太宗闻讯后，就派刑部尚书刘德威前往审问此案，并诏权万纪和李祐入京汇报。李祐做贼心虚，派人在赴京的路上将权万纪射杀。

李祐杀死权万纪之后，一不做二不休，将城中 15 岁以上的男子全部武装起来，自设官署，公开背叛唐朝。唐太宗派遣兵部尚书李勣和刘威发兵征讨，并下诏指责李祐说："我经常告诫你不要接近小人，你却反其道而行之。这是自取其咎，我真为你痛惜。你据城起兵，背礼违义，背弃父亲，反叛君主，天地不容，神人共怒。从前你是我儿子，今天是国家的仇人。权万纪为人忠烈，以身殉义，你却生为贼臣，死为逆鬼。生有你这样的儿子，真让我愧对皇天后土。"写罢，唐太宗悲痛万分，禁不住泪流满面，泣不成声。

见李勣大兵压境，李祐的部下杜行敏率兵包围李祐住所，他厉声警告李祐说："从前你是皇帝的儿子，今天是国家的叛贼。我杜行敏为国讨贼，无所顾忌，你如不投降，当自取灭亡。"杜行敏让人将柴草放在李祐住宅的四周，点火焚烧，李祐被迫投降，叛乱很快就被平息。

承乾太子得知此讯，非常兴奋，对心腹纥干承基说："我的宫墙，离皇上的住处不过 20 多步远，如此便利的条件，难道是齐王能比的吗？"言外之意就是，如果造反，越墙即可到达太宗身边，和齐王叛乱于千里之外，结果定会不同。

在审理齐王谋反案时，牵连到了纥干承基。纥干承基被捕后，被定死罪，行刑之前，供出了承乾太子企图谋反的事。太宗听后十分震惊，就下令长孙无忌、房玄龄、萧瑀、李世勣、孙伏伽等人共同审理这一重大案件。经过细心调查，案情大白于天下，太子果然有密谋反叛之心。唐太宗召集大臣，商议如何处置承乾。

大臣们都觉得事情重大，怕说出话来不合太宗心意，不敢作声，只有通事舍人来济说："陛下不失为一位慈父，如果能让太子活下来，也是一大善事。"此话正中作为唐太宗下怀，便采纳了他的建议，废承乾太子为庶人。后流放黔州。两年后，承乾死于贬所。

对于自己的弟弟汉王元昌，太宗不忍心诛杀，特赦免死。大臣高士廉、李勣等反对说："君王应以四海为家，以万姓为子，以天下为公，不能只亲自己的宗亲。元昌包藏凶恶，图谋逆乱，天地不容，人人切齿，罪在万死。而陛下如果因宗室关系而网开一面，臣等死不奉诏。伏望依法行事，将其诛杀，以平群臣之愤。"在大臣们的坚持下，唐太宗不得已，赐元昌在家中自尽。

侯君集是玄武门之变的骨干，为唐太宗夺取天下立有大功。唐太宗决定亲自审理此案，他对侯君集说："我不忍心让办案人员污辱功臣，所以才亲自过问。"唐太宗为了表示不冤枉功臣，对大臣们说："从前国家动乱的时候，侯君集施展才力，南征北战，战功赫赫，我实在不忍心将他处死，我替他乞求饶命，你们允许吗？"假惺惺的态度，大臣们心知肚明，便齐声说："侯君集的罪行，天地不容，请将他诛杀以显示法律的威严。"唐太宗顺水推舟，对侯君集说："我只好与你永别了，从今之后，只能看见你的遗像了。"不久，侯君集被斩杀。

太子承乾政变未遂，被贬为庶人，立太子之事刻不容缓，唐太宗面临痛苦的抉择。唐朝统治集团内部，围绕立魏王李泰还是晋王李治为太子，展开了激烈的争斗。

魏王泰比太子承乾小1岁，因为他聪明好学，深得太宗的喜爱。由于李泰爱好文学，太宗便让他设置文学馆，引召学士，著书立说。贞观十二年（638），李泰接受司马苏勖的建议，奏请撰《括地志》，得到唐太宗的支持。李泰借机招引宾客，扩大影响。由于经费充裕，待遇优厚，一时间魏王府文人云集，门庭若市。贞观十五年（641）。《括地志》修撰完毕后，唐太宗让交付秘阁，赏赐李泰大量财物，参与修撰的萧德言等人也都受到赏赐。每月供给李泰的财物，有时超过皇太子。唐太宗还亲自来到魏王泰居住的延康坊宅，下令赦免延康坊所在长安县内大辟罪以下的罪犯，豁免延康坊百姓当年租赋，赏赐魏王府官僚大量财物。因为李泰身胖腹大，行走略有困难，又准许他乘小轿到朝谒拜，由此可见李泰受宠的程度。唐太宗对魏王泰宠爱有加，百般优待，使李泰产生了夺取太子之位的欲望。他暗自招徕驸马都尉柴令武、房遗爱等二十余人，对他们厚加赏赐，作为自己的心腹。又通过黄门侍郎韦挺、工部尚书杜楚客为其结交朝臣，加快培植自己的党羽，发展自己的势力。

于是，武德年间秦王李世民与太子李建成之间的明争暗斗，又在李世民的儿子之间重新上演了。

承乾太子被废后，魏王李泰自以为太子非他莫属。但是，朝臣之中出现了严重分歧。宰相岑文本、刘洎和大臣崔仁师主张立魏王李泰为太子；皇后之兄、位高权重的长孙无忌和大臣褚遂良却坚决主张立晋王李治。唐太宗左右为难，便陷入了立嗣的重重烦恼之中。

李治是唐太宗第九子，小李泰9岁。贞观五年（631）封晋王。李治生性怯懦，缺乏主见，但宽仁孝友。少年时向著作郎萧德言学习《孝经》，对儒家的忠孝思想深有领悟。长孙皇后逝世时，晋王李治年仅9岁，悲戚哀伤之状，令人感动，唐太宗对他也十分疼爱。但是，在唐太宗眼里，与这个这个生性懦弱的儿子相比，聪明果敢的李泰更适合当太子。为了试探大臣们的意见，唐太宗召集大臣商议，并首先说道："昨天，魏王李泰投入我的怀中说：'我如果被立为太子，就是我更生的日子。我只有一个儿子，我死后，应把他杀死，传位给晋王。'"此言一出，当即遭到褚遂良的反对，他说："陛下失言，如果深思熟虑，就不会有这样的过错。难道陛下百年之后魏王为主天下，真会杀其子而传位晋王吗？陛下从前立承乾为太子，而又宠爱魏王，在礼数上对魏王的宠爱有时超过太子，嫡庶不分，才导致魏王的骄纵。前车之鉴，足以为戒。陛下今天如果立魏王为太子，就应当忍痛割爱，将晋王除爵削封，使他置身纷争之外，晋王的人身安全才有保障。否则，兄弟相残之事，又会重演。"唐太宗明白褚遂良的潜台词：如果李泰做太子，晋王就会被李泰杀死。因此，他听后涕泪横流，缓缓地说："我不能这样做。"表示不能对李治做这样的处理。

唐太宗又对长孙无忌、房玄龄等人说："长子承乾谋反被废，四子李泰处境尴尬，弟弟汉王元昌被杀。出现这种局面，我实在痛苦啊！"唐太宗说着，情绪激动起来，突然倒在床上，抽出佩刀刺向自己。长孙无忌眼疾手快，急忙趋前扶起太宗。

唐太宗担心魏王李泰立为太子后会杀死晋王李治，而李治为人仁厚，若立他为太子，不至于杀死魏王。最后，唐太宗不得以地说："我想立晋王为太子。"长孙无忌立即对众臣宣布说："奉皇上诏令，立晋王李治为太子，有异议者，斩杀不赦。"

但是，李治的怯懦仍使唐太宗心有不甘，因而又打算立吴王李恪为太子。李恪是唐太宗的三子，母亲是隋炀帝的女儿，武德二年（620）封蜀王，后来徙封吴王。李恪文武双全，唐太宗常称赞吴王很像自己。但是，由于长孙无忌等重臣极力反对，顾虑重重、忧心忡忡的唐太宗，为了稳定局势，终于决定立晋王李治为太子。

唐太宗之所以立李治为太子，是为了政局的稳定和子孙的安全，避免因纷争而可能出现的混乱与残杀。一方面，由谁来继承皇位，必然关系着各种政治力量的根本利益。皇位继承权必然地成为各种政治势力殊死角逐的焦点，争夺皇位而引起宫闱喋血、朝臣党争乃至引发兵变、政变等屡见不鲜。朝中重臣长孙无忌、褚遂良等支持李治，如果立魏王，可能导致朝廷的分裂。另一方面，就能力而言，李泰显然优于李治，但李泰心骄意满，如立为太子，承乾和晋王两人的性命都难以保全；而晋王仁弱，如果立晋王为太子，那么李泰和承乾都可以安然无恙。唐太宗的安排，真可谓煞费苦心。

为了巩固太子的地位，提高他的能力，唐太宗选择一批元老级重臣兼任东宫的官职，为李治配备了阵容强大的辅佐班子：以长孙无忌为太子太师，房玄龄为太子太傅，萧瑀为太子太保，李勣为太子詹事兼太子左卫率，李大亮为右卫率，于志宁和马周为太子左庶子，苏勖和高季辅为太子右庶子，张行成为太子少詹事，褚遂良为太子宾客。这个班子，几乎聚集了朝中全部德高望重的老臣。

为了更好地培养太子，唐太宗规定了尊敬师傅的礼仪。太子见师傅，首先出殿门迎接，先拜三师，然后三师答拜。进殿门时先让三师，三师坐定，太子才能入座。给三师写书信，要严肃恭敬，最后写上"惶恐再拜"。

此外，太宗还言传身教，亲自教诲太子。他曾令太子李治居住在自己的寝殿旁边，以便朝夕相见，以衣食住行中的小事引申治国的道理，随时启发教导。当李治端起饭碗吃饭时，唐太宗就教诲稼穑艰难，要想常年有饭吃，就要不夺农时。唐太宗见李治乘马，便开导太子，骑马要懂得顺其自然，有劳有逸，不能耗尽它的力气，这样才可以常有马骑。见李治乘舟，便以舟与水的关系喻帝王与百姓的关系，告诉他船就像是帝王，水就像是黎民百姓，水能够载船，也能够翻船。告诫太子要爱惜民力，体恤民情，从而保证使国祚长久。

唐太宗还采纳了刘洎的意见，让刘洎和岑文本、褚遂良、马周等轮流到东宫与太子交谈，让太子广泛接触名师，了解古今大事，逐步增长见识，增强决断能力。

此外，唐太宗又亲撰《帝范》12篇，系统总结了自己君临天下的经验，颁赐给太子学习。这本书是太宗一生治理国家的经验总结，篇目包括《君体》《建亲》《求贤》《审官》《纳谏》《去谗》《戒盈》《崇俭》《赏罚》《务农》《阅武》《崇文》等。在书中，他告诫太子说："你没有像我这样的功勋，却继承我的富贵，只有竭尽全力，尽善尽美，国家才能安定无事。"他还指出："这12条，是作帝王的纲领，安危兴废，都在这里了。古人说：明白一个道理不难，能够按照它去做很难，去做还不算最难，能够坚持到最后是最难的。"

太宗还常常把太子带在身边，让他一同接见群臣，学习处理日常政务的方法，并有意识地倾听李治的处理意见。在离开长安的时候还让李治监理国政，直接处理政务，锻炼他的治国才能。贞观十九年（645），唐太宗亲自带兵东征辽东，留下李治监国。临行前，太宗对他说："今天留下你镇守，让大臣辅助你，是为了让天下的人认识你的风采。治理国家的关键，就在于能够近贤能远奸佞，赏善罚恶，大公无私，你应该照此努力啊！"

唐太宗临终前，召长孙无忌、褚遂良入含风殿，对他们说："我现在要把后事全部托付给你们，你们都知道，太子生性懦弱宽孝，希望你们能够多加辅佐。"又对李治说："有长孙无忌、褚遂良在，你就不必担忧天下的治理了！"太宗去世之后，李治登上帝位，长孙无忌与褚遂良同心辅政，李治对他们尊敬有加。李治即位之初，基本上继续执行了唐太宗时期的治国政策，使唐朝国力继续发展壮大，因这一时期的年号为"永徽"，被称为"永徽之治。"

2. 英主蜕变

贞观中后期，唐太宗的思想、政策等方面都发生了很大的变化。李祐叛乱、废立太子事件，对他的打击非常大。他的情绪消沉，健康逐步恶化，没有了励精图治，积极进取的精神。与贞观前期相比，判若两人。主要表现为猜忌多疑、固执偏见、迷信仙丹。

贞观前期，唐太宗对大臣们宽容信赖，出现了朝臣尽忠、君臣和谐的局面。但李祐和承乾谋反，使他一反常态，变得猜忌多疑。既然自己的亲生儿子都如此不可信，更何况外姓大臣呢？魏徵曾经向唐太宗秘密推荐当时的中书侍郎杜正伦和吏部尚书侯君集，说他们有当宰相才能。可是在魏徵死后，杜正伦因为负罪被罢免，侯君集因参与谋反而被斩首。杜正伦、侯君集的接连落马，使李世民怀疑魏徵有因私营党的嫌疑。后来，唐太宗又听人说，魏徵曾将自己记录的与太宗一问一答的谏诤言辞拿给褚遂良看，作为编写起居录的参考。唐太宗怀疑魏徵故意博取清正的名声，心里很不高兴。本来，唐太宗已经同意把衡山公主许配给魏徵长子魏叔玉，这时也后悔了，下旨解除婚约。后来他越想越恼火，竟然亲自砸掉了魏徵的墓碑。

贞观十九年（645），唐太宗决定亲征辽东，尉迟敬德劝说道："陛下亲自出征，那么长安、洛阳会空虚，臣担心会当年有杨玄感那样的变乱。"唐太宗非但不听，反而怀疑他有异心，就让他披甲上阵，跟随自己出征。

唐太宗曾以虚心纳谏著称，贞观前期，他对大臣们的劝谏多数能采纳。但是，随着政局的稳定和国力的强盛，他开始陶醉于已取得的成绩，对臣下的意见渐渐听不进去，变得自高自大，偏激固执。随之，大臣们不愿直言，有的缄口沉默，有的阿谀奉迎。

贞观十一年（637），唐太宗曾对魏徵说："近来朝臣为什么不议论朝政？"魏徵说："陛下虚心采纳，必然有议论朝政的人；陛下自以为是，不接受别人的建议，朝臣内心恐惧，自然就不议论朝政。"贞观十二年（638），唐太宗又问魏徵说："朕的政绩与以前相比，有什么不同？"魏徵如实相告："恩泽百姓，比贞观之初相差甚远；人心悦服，也不如从前。"太宗接着问："当今不如往年，表现在哪些方面？"魏徵说："贞观之初，陛下担心没有人进谏，就劝说人们进谏，对诤谏也能悦而采纳。今则不然，有人诤谏，虽然勉强采纳，也是面带难色，心存不平，这就是最大的差别。"可见，朝野上下，已经很少有人敢冒着杀头之险去谏诤了。房玄龄临死前，曾对他的儿子们说："现在天下无事，但皇帝一再东征，群臣都不敢进谏，我知道这种情况却不敢说什么，真是死有余责啊！"

当唐军占领大漠南北时，他洋洋自得地夸耀说："汉武帝穷兵黩武30年，中国空虚，所获无几，和如今相比，根本不可同日而语。朕的功绩，哪里是史书所能记载尽的。"对成功的自我陶醉，使唐太宗滋生了好大喜功的欲望，他不听大臣劝告，刚愎自用，远征高丽，由于决策失误，战事失利，抱憾终生。

贞观初年，唐太宗曾下令杜绝宫内各种奢糜浪费的现象，但到了晚年，也一改过去节俭的作风，追求奢侈。他亲自抓基建，在长安、洛阳等地，营造规模宏大的宫殿。贞观二十一年（647）四月，李世民嫌京城闷热，便在临潼骊山顶上修筑了翠微宫。三个月之后，又指责宫室小气，辱没了大唐威仪，便重修了玉华宫，豪华气派，极尽奢糜。大兴土木，奢侈无度，必然造成百姓徭役负担的增加。到了贞观末年，尽管粮食连年丰收，但由于太宗穷兵黩武，繁重的徭役兵役，使得天下百姓怨声载道。这同贞观初年五谷丰登，百姓不怨的局面，形成了鲜明的对比。

"起居注"是史官对君主每天起居言行的记录，编写的目的一是为了保存史料，二是为了让皇帝言行有所顾忌。为了保证史官秉公执笔，如实记载，不虚美，不隐恶，按照制度，历代帝王都不能看起居注。贞观十六年，唐太宗对褚遂良说："我知道有起居注，所记的东西能让我看一下吗？"褚遂良回答说："史官记载君主的言行，善恶都要记录，这样多少可以使得君主不敢为非作歹，所以从来没有听说帝王自己要看起居注的。"唐太宗接着问："我有做得不好的地方，也要记录下来吗？"褚遂良说："我的职责就是要如实记录，不敢不记。"由于褚遂良的坚持，太宗没有如愿。唐太宗又找到房玄龄，强调看了起居注，才可以知道自己的过失，以作为借鉴。向房玄龄提出要求说："前代史官所记录的君主言行，都不让君主看到，这是为什么呢？"房玄龄无奈之下，答应了他的要求。由此，长期以来形成的良好传统被打破，唐太宗开了一个非常不好的先例，此后的几代帝王都纷纷效法。

从 18 岁起，唐太宗就开始了戎马生涯，身经百战，东征西讨；天下平定后，又诛兄杀弟；称帝以后，天天为国事殚精竭虑。因此，身体严重透支。再加上齐王李祐叛乱和废立太子的风波，给他的精神带来严重的创伤。年届 50 的时候，又亲征高丽。半年之中，长途跋涉，鞍马劳顿，异常艰辛。返回京师的途中，疾病缠身，连马也不能骑了。贞观二十一年（647）又一病不起，瘫痪在床。在病魔缠身、久治不愈的情况下，唐太宗逐渐迷信方术，寄希望于方士们炼制的金石丹药。

唐太宗最初并不迷信鬼神方术。贞观初年，他在评价秦始皇、汉武帝求仙药一事时还说："神仙本来就是虚妄，空有其名，秦始皇过于爱好，才受了方士的骗。遣童男童女几千人，随方士人海求仙。方士们欲逃避秦的苛暴，一去不归，秦始皇还在大海岸边徘徊等待，结果回归时至沙丘而死。汉武帝为了求神仙，竟将卫长公主嫁给方士栾大，没有灵验，又将栾大诛杀。从这两件事看，神仙不可妄求。"贞观十一年（637），唐太宗又在节葬诏中说："人的寿命长短是有规律的，一般以百年为限，人与人之间大同小异，不是人自身能控制的，取决于自然。即便具有回天之力的人，也不能免于一死。"

贞观二十一年（647）正月，长孙皇后的舅舅高士廉去世，唐太宗极为悲哀，想亲临吊唁。长孙无忌劝他说："陛下服用了金石丹药，按照验方不能参加丧事，为什么不为国家和百姓而自我珍重呢？"按照当时的禁忌，服食丹药期间，不能临丧吊唁。否则，会有不测之祸。这说明，一世英明的唐太宗，此时也开始迷信神仙方术了。

贞观二十二年（648），唐将王玄策在同天竺作战时，俘获了天竺帝那伏帝国的国王阿罗那顺和方士那罗迩娑婆。因为知道唐太宗迷信仙药，王玄策便将天竺方士进献给唐太宗。天竺方士见到太宗后，谎称自己已有200岁，能配制金石秘剂，有长生不老之术。唐太宗信以为真，让他们住在宫中，专门炼造延年益寿的丹药。并让兵部尚书崔敦礼监制，采集天下的奇药异石。这种金石丹药一般都具有壮阳的功能，虽然可以使精力暂时亢奋，但会导致精气两亏，危害极大。另外，由于内含大量重金属，长期大量服用，易使人中毒。所以，太宗服用了丹药后，并不见效，病情反而越来越重。太子李治焦急万分，昼夜服侍在侧，有时候数日不吃饭，头发竟然都变白了。唐太宗感动地说："你能如此孝敬，我死了也没有什么遗憾的。"

贞观二十三年（649），唐太宗病重，到翠微宫静养。他自知已经病入膏肓，来日无多了，对身后之事越来越忧虑。他担心太子仁懦无能，在他死后会被别人驾空。在朝臣中，最令他担忧的是足智多谋的李勣。唐太宗将太子拉到床前，告诫说："李勣德高望重，有智有谋，然而你对他没有什么恩惠，恐怕他不服气。我将他贬黜到外地，他如果立即动身到贬谪之地，你即位后可提拔他为仆射，这样他就会感恩戴德。如果他犹豫观望，就将他杀死，以免后患。"

弥留之际，他将长孙无忌和褚遂良召到身边，向两位老臣托孤。他对长孙无忌和褚遂良说："朕今天将后事托付给你们，你们都知道太子仁孝，要竭力辅助他。"又转向太子说："有他们两位在，你不用忧心天下。"贞观二十三年（649）五月，唐太宗因金石丹药服用过多，中毒暴亡，享年52岁。

八月四日，群臣上谥号"文皇帝"，庙号"太宗"。八月十八日，唐太宗的灵枢安葬昭陵。贞观之治的红日，在群臣的痛哭声中，缓缓地落下了。

3. 昭陵六骏

昭陵是唐太宗与文德皇后的合葬墓，位于陕西省礼泉县城东北22.5公里的九嵕山，距西安市约70公里。昭陵的陵址是唐太宗亲自选定的，原因主要有二，一是可以依山建陵，达到所谓节俭的目的；二是唐太宗喜爱九嵕山的磅礴气势。九嵕山海拔1888米，山势突兀，主峰高耸，又有两峰东西排列，沟壑纵横，山北有泾水环绕，南隔广袤的关中平原，与秦岭主峰太白、终南诸峰遥相对峙，依山傍水,虎踞龙盘。

昭陵布局仿照唐长安城的建制，是由唐代著名工艺家、美术家阎立德、阎立本兄弟精心设计的。昭陵南北约15公里，东西约10公里，周长约60公里，方圆200平方公里，是我国帝王陵园中面积最大的一座。主体建筑由朱雀门献殿、墓道地宫、北司马门三个建筑群组成，此外，以九嵕山顶峰为扇轴，呈扇面状向南面东西两翼展开，分布着近200座功臣贵戚和少数民族首领的陪葬墓，如魏徵、李靖、尉迟敬德、长孙无忌、房玄龄、虞世南等人的墓葬。李世民的陵寝居高临下，陪葬墓列侍两旁，衬托出昭陵至高无上的气概。

昭陵的地上和地下有无数价值连城的文物和遗迹，其中以"昭陵六骏"、十四国酋长的石刻像以及王羲之、钟繇、虞世南、欧阳询、褚遂良、阎立本等人的书画最为著名，昭陵不愧为我国古代文物的珍贵宝库。

昭陵六骏是原置于昭陵唐太宗北麓祭坛两侧庑廊的六幅浮雕石刻。在李世民驰骋疆场的铁血岁月，他不但积聚笼络了大量的名将贤士，还与他先后骑乘过的六匹战马结下了不解之缘。曾有诗云："秦王铁骑取天下，六骏功高画亦优。"这六匹骏马，曾是唐太宗李世民南征北战打天下时的坐骑，都立有赫赫战功。贞观十年（636），埋葬长孙皇后之后，李世民为了纪念昔日疆场上的功绩和他心爱的战马，自己选定题材，诏令雕刻"六骏"，置于昭陵。在雕刻六骏时，大画家阎立本绘制图样，工艺美术家阎立德负责施工，由筑造昭陵的石雕高手以高肉雕技法雕镌而成，上有唐太宗所题、欧阳询书写的赞语。六骏的原形，不仅驮载着李世民成就了李唐王朝的大业，还各自演绎了浴血陷阵的传奇故事。

"昭陵六骏"雕刻分两组东西排列。东面的第一骏名叫"特勒（勤）骠"，为李世民平定宋金刚时所乘。史载，唐初天下未定，宋金刚陷浍州（在今山西境内），兵锋甚锐，李世民乘特勒骠，一昼夜接战数十回合，连打了八个硬仗。它载着李世民驰骋汾晋，为收复太原和河东失地，立下了战功。石刻"特勒骠"体形健壮，腹小腿长，属突厥名马，即汉代著名的神奇骏马——"汗血马"。"特勒"是突厥汗国的高级官职之一，地位次于叶护和设，只统部落，不领兵马。唐太宗以突厥"特勒"官号来命名自己的坐骑，不仅是为赞扬名品良种的骏马，更是以突厥赞美英雄、勇士的风俗来纪念和炫耀自己的辉煌战绩。

东面第二骏名叫"青骓"，为李世民平定窦建德时所乘。在武牢关大战中，李世民骑"青骓"，率领一支精锐骑兵，似离弦之箭，直入窦建德军长达20里的军阵，左驰右掣，打垮了窦建德和十几万大军，俘获窦建德。激战中，"青骓"身中五箭。石刻"青骓"呈疾驰之状，显示出飞奔陷阵的情景，极具动感。

　　东面第三骏名叫"什伐赤"，为李世民平定王世充、南败窦建德时所乘。"什伐"是波斯语"马"的音译，这是一匹来自波斯的红马。在激烈的战斗中，"什伐赤"身中五箭，石刻"什伐赤"呈带箭飞奔的形象。

　　西面的第一骏名叫"飒露紫"，为李世民平定东都击败王世充时所乘，六骏中只有这件作品附刻人物及其事迹。据《新唐书·丘行恭传》记载，唐军和王世充军在洛阳决战时，李世民骑着飒露紫，带领数十骑冲出阵地与敌交锋，随从的骑手都失散，只有丘行恭紧紧跟随。李世民被敌人团团包围，"飒露紫"前胸被流箭射中。危急关头，幸亏丘行恭赶来营救，他回身张弓四射，箭不虚发，使敌不敢前进。随即跳下马来，给御骑飒露紫拨箭，并把自己的坐骑让给李世民。石刻上牵着战马正在拨箭的就是丘行恭。丘行恭卷须，相貌英俊威武，身穿战袍，腰佩刀及箭囊，作出俯首为马拨箭的姿势，再现了当时惊心动魄的场景。

　　西面第二骏名叫"拳毛騧"，为李世民平定刘黑闼时所乘。李世民与刘黑闼在沼水作战时，战斗打得异常激烈，李世民的坐骑"拳毛騧"身中9箭（前中6箭，背中3箭），战死在两军阵前，李世民在给它的赞语中称其为神马。唐代诗人杜甫在诗中也曾提到过"拳毛騧"，诗中曰："昔日太宗拳毛騧，近时郭家狮子花（狮子花是唐代宗时范阳节度使李德山献给代宗李豫的一匹骏马）。

西面第三骏名叫"白蹄乌"，为李世民平定薛仁杲时所乘。战斗中，李世民跃马扬鞭，身先士卒，一昼夜奔驰 200 余里，迫使薛仁杲投降。石刻"白蹄乌"筋骨强健，四蹄腾空，鬃鬣迎风，呈疾速奔驰之状，表现了当年载着李世民在黄土高原上疾驰的情景。

"昭陵六骏"姿态神情各异，线条简洁有力，造型栩栩如生，集中反映了唐代石刻艺术的最高水平，同时也生动展示了李世民在统一战争中的丰功伟绩，具有无比珍贵的历史价值和艺术价值。1941 年，六骏中的"飒露紫"、"拳毛䯄"被美国人盗走，现藏于费城宾夕法尼亚大学博物馆，其余四骏现存于西安碑林博物馆。

4. 《兰亭序》之谜

王羲之是东晋著名的文学家、书法家，被誉为"书圣"。王羲之把汉字书写从实用引入注重技法、讲究情趣的境界，其书法具有平和自然、笔势委婉含蓄、遒美健秀的特点。《兰亭序》又名《兰亭宴集序》《兰亭集序》《临河序》《禊序》《兰亭贴》，是王羲之最得意的作品，被誉为"天下第一行书"。可惜的是，《兰亭序》至今下落不明，成为千古之谜。

东晋永和九年（353）三月三日，王羲之和朋友谢安等 41 人，在山阴（今浙江绍兴市）一个叫兰亭的地方，举行了一次传统的修禊盛会。修禊是古代的一种习俗，每年农历三月三日，人们到水边举行祓祭仪式，用香草蘸水洒身，或沐浴洗涤污垢，以感受春意，祈求消除病灾与不祥。

文人雅集，自然不免诗文唱和，兰亭雅集的另一个项目是流觞曲水。名士们列坐在蜿蜒曲折的溪水两旁，由书童将斟酒的觞（酒杯）放入溪流，让其顺流而下，觞在谁的面前停滞，谁就要赋诗；若吟不出诗，则要罚酒。最后，大家把诗汇集起来，公推德高望重的王羲之为之作序。

王羲之于酒酣之际，乘兴拿起鼠须笔，在蚕茧纸上为诗集作序，记述流觞曲水，抒发内心感慨。全文28行，324字，通篇遒媚飘逸，字字精妙，有如神助。其中的20个"之"字，无一雷同，成为书法史上的一绝。第二天酒醒之后，王羲之意犹未尽，伏案挥毫在将序文重书一遍，却自感不如原文精妙。他心有不甘，一连重书几遍，仍然不得原文的妙处。可见，这篇序文是王羲之的巅峰之作，他精湛的书法艺术在其中发挥得酣畅淋漓。因此，王羲之将《兰亭序》视为传家宝。传到王羲之的七世孙智永时，由于智勇出家为僧，没有子嗣，智勇就将祖传真本传给了弟子辩才和尚。

唐太宗李世民在治国理政之余，迷恋上了书法艺术，尤其对王羲之的墨迹爱不释手，潜心钻研，还亲自为《晋书》撰《王羲之传》。他对《兰亭序》真迹仰慕已久，多次重金悬赏索求，但一直没有结果。后查出《兰亭序》真迹在会稽一个名叫辩才的和尚手中，由于多次公开求索不得，便派侍御史萧翼骗取《兰亭序》。侍御史萧翼骗取《兰亭序》的故事，增添了《兰亭序》的传奇色彩。

唐人对这一故事的记载，情节略有不同。但故事的梗概一致，那就是：萧翼通过欺骗手段，取得辩才的信任，从而得到《兰亭序》真迹，把它献给了唐太宗。萧翼盗《兰亭序》为史上巧取豪夺家传宝物的特例——为帝王盗夺。他用的方法极为阴险，是以骗得藏宝人的感情，取得其信任后得手的，使藏宝人在感情和财产方面受到双重打击。

唐太宗得到王羲之真迹后，命弘文馆拓书名手冯承素以及赵模、韩道政等人钩摹数本副本，分别赐给亲贵近臣。临终前，他对唐高宗李治提出，要以《兰亭序》殉葬。高宗遵其遗嘱，用玉匣装真迹陪葬于昭陵之中。自此以后，《兰亭序》真迹永绝人世。南宋诗人陆游诗曰："茧纸藏昭陵，千载不复见"，为此叹息不已。

五代时期，军阀温韬率军打开昭陵墓道，进入地宫，发现了李世民生前珍藏的名贵图书字画，其中最贵重的当推三国大书法家钟繇和王羲之的真迹。这些稀世珍藏，全被温韬取了出来。按照这一记载，《兰亭序》真迹经劫陵贼温韬之手又重见天日。但是，史书虽然记载温韬盗掘了昭陵，发现了王羲之的真迹，但并没指明其中包括《兰亭序》，而且此后未见真迹流传，也没有任何收藏的记载。对于这件艺术瑰宝的去处，有以下3种猜测：

第一，温韬盗掘时匆忙草率，未作全面、仔细清理，真迹很可能仍藏于昭陵墓室某更隐秘之处。第二，李世民的姐妹用摹本陪葬昭陵，真迹留存人间。第三，《兰亭序》被同样爱好书法的李治暗中留下，掉包把摹本随葬昭陵，真迹为李治及其皇后武则天据有，后被武则天带入乾陵墓室。总之，围绕《兰亭序》真迹的下落问题，众说纷纭，争论不休，莫衷一是。

《兰亭序》是中国文化史上的旷世珍宝，是作者艺术素养厚积薄发与创作灵感碰撞、交汇的佳作。《兰亭序》传世摹本种类很多，或为木石刻本，或为摹本，或为临本。著名的如《定武兰亭》，相传为欧阳询临摹，因北宋时发现于河北定武（今河北正定）而得名。唐太宗命冯承素作的摹本，由于有唐代"神龙"小印，所以名为神龙本《兰亭序》。神龙本是公认最好的摹本，基本上可窥原作风貌，现由北京故宫博物院收藏。《兰亭序》虽下落不明，但聊可欣慰的是，其艺术魅力并未归于九泉，名家的刻石和临摹版本，仍能让后人想望其真迹的神采。